金宏和實 著

はじめる
Python！
パイソン

ゼロからの
ゲーム
プログラミング

日経BP社

はじめに

　本書に興味を持っていただきありがとうございます。この本はプログラミングに興味を持った大人はもとより、中学生や高校生、大学生にも読んでいただきたいと思って書きました。中学生から大人までというとずいぶん幅広いと思われるかも知れませんが、プログラミング初心者がつまずくところは、年齢に関係なく、ほぼ同じです。皆さんが手軽に始められて、あまりストレスを感じることなく勉強できて、将来的にも役立つプログラミング言語は何だろうと考えてPython（パイソン）を選びました。

　手軽に始めるには、自分の持っているパソコンや自由に使えるパソコンで勉強できることが必要です。PythonはWindows PCやMac、それからLinux搭載PC上でも動くので、実質、どのコンピュータでも勉強できます。また、Pythonは多くのリソース（資源）を要求しません。ここで言うリソースとはコンピュータのメモリやハードディスクなどの記憶装置やCPU（プロセッサ）の能力のことです。ですから、Raspberry Pi（ラズベリーパイ）などの安価な、手のひらにのるようなワンボードコンピュータでもPythonのプログラムを作成、実行することが可能です。

　Pythonがあまりストレスを感じることなく勉強できる理由は、まず、その文法的な特徴にあります。インデント（字下げ）は文法であるというPython独特の特徴により、プログラムが｛や（のような記号だらけにならず、英文のように素直に読み書きできます。

　また、Pythonはインタープリタ言語という分類に分けられます。みなさんがキーボードから打ち込んだプログラムは、コンピュータが唯一理解できるマシン語（機械語）に変換して実行されるのですが、この変換に2つの方式があります。コンパイラはプログラム全体をまとめて変換する方式で、インタープリタは1行ずつ変換する方式です。コンパイラ方式では、プログラムを修正したら、コンパイルという変換作業をして、実行可能なファイルを作ってから、実行します。これに対し、インタープリタ方式は、たとえば、1行だけ修正して、すぐに実行できます。このスタイルは少しずつ勉強するのに向いています。

それから、インタープリタ言語の特徴として、少ない記述で多くの仕事ができます。ですから、長い、大きなプログラムを作成しなくても目的の処理を実現できます。これも初心者にはうれしい特徴です。プログラムが長くなると、長さに比例してバグ（プログラムの欠陥）が増える傾向にあるからです。

　学習したことは、社会や生活において役に立ってほしいものです。ですから、皆さんがこれから学ぶプログラミング言語がいかに学習しやすいものであっても、世の中で人気があり、企業などで広く使われている言語でなくてはいけません。その点、Pythonは現在もっとも注目を浴びているプログラミング言語の１つであり、パソコンでもサーバーでも利用範囲が急速に広がっています。

　また、現在のプログラミングの考え方の中心はオブジェクト指向ですが、プログラミングの勉強をオブジェクト指向の理解から始めると、プログラミングの勉強そのものが抽象的でわかりにくいものになりがちです。Pythonはオブジェクト指向をあまり意識しなくてもプログラムを作成できて、必要なときにオブジェクト指向の恩恵を受けることができる言語です。

　さて、本書では、二次元のゲームをつくる前に、三角関数について説明しています。実を言うと、筆者は高校のときに「たぶん、高校の数学で教わっている内容を自分は将来使うことはないだろう」と思い、数学の勉強をやめました。社会人になって、プログラムを作成するようになってから、付け焼き刃で高校数学の参考書を買って勉強しました。

　もちろん、そんな時代ではなかったのですが、高校のとき、誰かが「三角関数はゲームのプログラミングに役立つよ」と教えてくれれば良かったのにと思います。プログラミングを通すと三角関数も簡単だなと感じてもらえるとうれしいです。

　それでは、実際に手を動かして、小さいプログラムを作りながらPythonプログラミングを学んでください。

Contents

はじめに ……………………………………………………………… 2

第1章
人気のプログラミング言語Python
なぜ、人気があるの？ ……………………………………… 8

第2章
Pythonプログラミングの準備
開発環境を使ってみよう ………………………………… 16

第3章
初めてのプログラムの作成
Pythonのコードに慣れよう ……………………………… 36

第4章
Pythonの文法
コードの書き方を学ぼう ………………………………… 64

第5章
初めての制御文
簡単なゲームを作ろう ……………………………………… 90

第6章
オブジェクト指向
大切な概念を学ぼう ……………………………………… 116

第7章
Pygameの使い方
ゲーム作成の基礎知識を得よう ………………………… 130

第8章
ゲームの作成（その1）
スカッシュゲームを作ろう ……………………………… 160

Contents

第9章

ゲームの作成（その2）
弾幕系シューティングゲームを作ろう …… 178

補章

PyCharmの機能を知ろう …… 198

おわりに …… 207

■**作例のダウンロードについて**

　本書の作例およびリストのテキストファイル（ソースコード）は、本書のウェブページからダウンロード可能です。

　以下のウェブページにアクセスしてアーカイブファイルをダウンロードしてください。

　https://shop.nikkeibp.co.jp/front/commodity/0000/P54560/

■**推奨環境について**

　本書では、執筆時点の最新版であるPython3.6.3で検証、説明しています。本書を読みながら試す際には、最新版をインストールするのが好ましいですが、公開直後のときなどにはPygameなどのモジュールが未対応の場合があるようです。その場合は、最新版より少し前のバージョンでお試しください。

　また、補章で説明しているPyCharmについては、2018年8月に公開された「Version: 2018.2.1」に対応しています。

第1章
人気のプログラミング言語 Python

なぜ、人気があるの？

本章ではPythonがどんなプログラミング言語なのか、どうしてたくさんあるプログラミング言語の中で人気を集めているのかについて説明します。

ランキング上位に位置するPython

　Pythonとはどんなプログラミング言語なのかというお話から始めましょう。プログラミング言語はたくさんあります。プログラミング言語の人気や利用状況のランキングがインターネットのウェブサイトに掲載されており、それらのプログラミング言語の中でもPythonはここ数年、ずっと上位にランキングされています[注1]。2017年からは1～3位というメダル圏内に入っていることが多いようです。

　今人気があるといっても、Pythonは最近に登場した歴史の浅いプログラミング言語ではありません。1990年頃にオランダで作成され、バージョンアップを繰り返してきています。現在のPythonには、2系（2.xというバージョン）と3系（3.xというバージョン）があります。2系は2.7まで、3系は3.7までバージョンアップを繰り返しています（2018年8月現在）。

　2系のサポートはあと数年と言われていますので、本書では、新しい3系を使います。Pythonの日本語訳は「ニシキヘビ」ですので、アイコンにも蛇が使われています（図1）。

注1：IEEEやTIOBE、RedMonk、PYPLなどによるランキングを参考にしています。

図1 Pythonのアイコン

　では、なぜPythonが人気なのか、その特徴を見ていきましょう。大きく3点あります。

1. Pythonの文法はシンプルなので、比較的少ないコードで目的の処理が記述できる。Pythonで書かれたプログラムは英文のように読みやすい。

　コードとは、コンピュータに何らかの処理をさせるために、プログラミング言語の規則にのっとって記述する文章のことです。テキストエディタや統合開発環境と呼ばれるソフトウェアを使って記述するコードのことをソースコードと呼びますが、ソースコードをコンピュータが理解できるマシン語（機械語）に変換して、プログラムは実行されます。

　プログラミング言語には、予約語というものがあります。その名前の通り、予約語はそのプログラミング言語の中で予約された言葉で、特別な意味を持ちます。ifやreturnが代表例です（図2）。予約語は変数名や関数名として使うことはできません。

図2 Pythonの予約語を表示したところ。Python3.6だと予約語は33個

　予約語はコードの中で特別な意味を持つので、予約語がたくさんあると

覚えなくてはいけないこと、理解しなくていけないことが多くなります。Pythonは他の言語にくらべ予約語が少ないので、文法がシンプルであると言えます。

　Pythonのコードが読みやすい理由の１つに、Pythonではインデント（字下げ）が文法であるという特徴があります。多くのプログラミング言語では、インデントはお作法（コーディングスタイル）です。コーディングするときの決まりごとではあるのですが、必ずそうしなければならないというものではありません。適切にインデントを入れたプログラムは人間にとってはわかりやすいのですが、コンピュータにとっては意味がありません。具体例として、Javaのコードを示しましょう（図3）。

```
Refuge refuge = mRefugeList.get(0);
if (refuge != null) {
    CameraUpdate cu = CameraUpdateFactory.newLatLngZoom(new LatLng(refuge.getLat(), refuge.getLng()), zoom: 15);
    mMap.moveCamera(cu);
}
mMap.setOnMapClickListener(new GoogleMap.OnMapClickListener() {
    @Override
    public void onMapClick(LatLng latLng) {
        calcDistance(latLng);
        sortRefugeList();
        updateMaker();
        addLine(latLng);
    }
});
```

```
Refuge refuge = mRefugeList.get(0);
if (refuge != null) {
    CameraUpdate cu = CameraUpdateFactor
    mMap.moveCamera(cu);
}
```

図3 適切にインデントしたJavaのコード

　Java言語ではインデントは単にお作法で、文法ではありません。そのため、上のプログラムからインデントを取り除いても、コンピュータにとっては同じコードです（図4）。

```
Refuge refuge = mRefugeList.get(0);
if (refuge != null) {
CameraUpdate cu = CameraUpdateFactory.newLatLngZoom(new LatLng(refuge.getLat(), refuge.getLng()), zoom: 15);
mMap.moveCamera(cu);
}
mMap.setOnMapClickListener(new GoogleMap.OnMapClickListener() {
@Override
public void onMapClick(LatLng latLng) {
calcDistance(latLng);
sortRefugeList();
updateMaker();
addLine(latLng);
}
});
```

```
Refuge refuge = mRefugeList.get(0);
if (refuge != null) {
CameraUpdate cu = CameraUpdateFactory
mMap.moveCamera(cu);
}
```

図4 インデントを取り除いたJavaのコード

Javaをはじめとする多くのプログラミング言語では、プログラムのブロックを波かっこ{ }で表します。ブロックとはプログラムのまとまりのことです。それは関数ブロックだったり、ifブロックだったりしますが、このブロックが処理のまとまりを示すので、Javaではインデントが文法上の意味を持ちません。

　関数とは、数学の関数のように値を与えると、計算や処理をして結果を返すものです。ifはもし、○○だったら、××をするというように、条件によって処理を分岐するものです。もちろん、図4のようなコードを書く人には、「読みにくいので、ちゃんとインデントを入れてください」と注意しなければいけません。これに対し、Pythonではインデントは文法なのです（図5）。

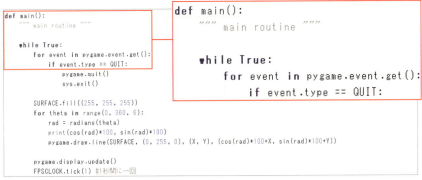

図5 ● Pythonのコード

　関数ブロックやifブロックのまとまりをインデントが示します。もちろん、このコードの意味はまだ理解する必要はありませんが、予約語whileやforなどのブロックもインデントでまとまりの範囲を表します。whileやforは繰り返しを指示する制御文です。ブロックとはコードの意味のある固まりです。

　たとえばifブロックで本来実行されるまとまりは、pygame.quit()とsys.exit()の2行なのですが、sys.exit()のインデントを浅くするとifブロック内のコードはpygame.quit()だけになり、プログラムの動作は変わってしまいます（図6）。他のプログラミング言語の経験者にとっては少し怖いルールかもしれませんね。でも、Pythonではこの仕様により文法とコー

ディングスタイルが一致するので、コードは読みやすくなるのです。

```
def main():
    """ main routine """
    while True:
        for event in pygame.event.get():
            if event.type == QUIT:
                pygame.quit()
        sys.exit()

        SURFACE.fill((255, 255, 255))
        for theta in range(0, 360, 6):
            rad = radians(theta)
            print(cos(rad)*100, sin(rad)*100)
            pygame.draw.line(SURFACE, (0, 255, 0), (X, Y), (cos(rad)*100+X, sin(rad)*100+Y))

        pygame.display.update()
        FPSCLOCK.tick(1) #1秒間に一回
```

図6 sys.exit()のインデントを浅くしたコード

2. Pythonはライブラリが豊富なので、なんでも作りやすい。

「なんでも作りやすい」は誤解をまねく言い方かもしれませんね。Pythonは適用範囲の広いプログラミング言語と言えます。ゲームを作ることもできれば、GUI（グラフィカルユーザーインターフェース）を持つプログラムやコンピュータの管理ツールなどを作るシステムプログラミングにも使えます。また、サーバー上で動くウェブアプリケーションや、ウェブサイトのスクレイピング（情報収集）、さらには機械学習というように、伝統的なソフトウェアから今とても注目されている分野のソフトウェアまでPythonでプログラミングすることができます。

言語仕様がシンプルなのに適用範囲が広い理由は、豊富なライブラリが用意されているからです。ライブラリとは特定の目的に応じたプログラムを他のプログラムから利用可能な形式で複数用意しておくものです。Pythonのライブラリには標準ライブラリと外部ライブラリがあります。標準ライブラリはPythonをインストールすると同時にインストールされ、利用可能になります。外部ライブラリは別途インストールする必要のあるライブラリです（**表1**）。

表1 ▶ 豊富なライブラリ。標準ライブラリ、外部ライブラリから代表的なものを抜粋

ライブラリ名	目的	区分
string	文字列操作	標準
re	正規表現	標準
datetime	日付や時刻を扱う	標準
random	乱数生成	標準
pathlib	オブジェクト指向のファイルシステムパス	標準
sqlite3	sqlite3データベース	標準
zipfile	zip圧縮	標準
Tkinter	GUI	標準
shutil	高水準のファイル操作	標準
NumPy	数値計算	外部
SciPy	科学技術計算	外部
Matplotlib	グラフ描画	外部
Pygame	ゲーム作成用	外部
simplejson	JSONのエンコード・デコード	外部
django	ウェブフレームワーク	外部
Beautiful Soup	スクレイピング（HTMLから情報抽出）	外部
TensorFlow	機械学習	外部

　この表はたくさんあるライブラリの一部ですが、文字列操作ライブラリstring、日付・時刻操作ライブラリdatetimeのように多くのプログラムで必要になるものから、科学技術計算ライブラリNumPy、SciPyや、ファイルをまとめたり圧縮するzip圧縮ライブラリzipfileなど、特定の目的で使うものと様々な用途のライブラリが用意されています。

　ウェブアプリケーション[注2]を作りたかったらdjango、ウェブサイトの

注2：ウェブアプリケーションとは、ウェブブラウザから利用するサーバー上で動作するアプリケーションです。

スクレイピング[注3]をしたかったらBeautiful Soup、人工知能の勉強がしたかったらTensorFlow[注4]というように、必要に応じて外部ライブラリをインストールして利用することができます。

　本書ではゲームを作るので、ゲーム作成用ライブラリであるPygameを使います。

3. Pythonは対応しているハードウェアやOS（オペレーティングシステム）が多い。

　Pythonはインタープリタで動作することを前提としているので多くのハードウェアとOS上で動作します。インタープリタとは原則的な言い方をすると、ソースコードを1行1行解釈しながら実行するプログラムのことです。ソースコードとは、前述したように、私たちが記述するプログラムそのもののことです。PHPやRubyがインタープリタで動作するプログラミング言語（インタープリタ言語）の仲間です。

　これに対し、事前にソースコードを一通り解釈し、実行形式と呼ばれるファイルを作成する方式をコンパイラと呼び、コンパイラで動作するプログラミング言語をコンパイラ言語と言います。代表格はC言語です。

　インタープリタ言語は、ソースコードを逐次解釈するので、事前に「実行準備OK」にしておくコンパイラ言語に比べ実行速度は遅くなりがちです。そこで、Windows環境で動作する実行ファイルを作成するようなライブラリもPythonには用意されています。

　少し話が横道にそれましたね。PythonはWindows上で動きます。MacOSでも、UbuntuなどのLinux上でも動きます。また、数千円で買えるワンボードコンピュータRaspberry Piでも動作します。それから、ev3devというOSを使えば、LEGO MINDSTORMS EV3でもPythonで作ったプログラムを動かすことができます。

注3：ウェブスクレイピングとは、ウェブサイトから情報を抽出することです。
注4：TensorFlow（テンソルフロー）は、Googleがオープンソースで公開している機械学習用のライブラリです

このような理由から、筆者は、これからプログラミングを学びたい人、特に若い人がはじめてのプログラミングをするときには、Python言語を薦めたいと思っています。それは、手軽にプログラミングを始めることができて、かつ、たぶんこれから興味を持つであろう科学技術やウェブやロボットや人工知能などといった多くの分野にプログラミングの経験を活かしていくことができるからです。

第2章 Pythonプログラミングの準備

開発環境を使ってみよう

本章では、Python3とゲーム作成用ライブラリであるPygame、そしてプログラミングをするのに便利な統合開発環境PyCharmを、Windows、MacOS、Linuxそれぞれにインストールする方法を説明します。

1 Windowsにインストールする

インストールとは、ソフトウェアをコンピュータに入れて、動くようにすることです。まず、Windows10にプログラミング言語Python3、ゲーム作成用ライブラリPygame、統合開発環境PyCharmをインストールする手順を説明します。

以下のサイトにウェブブラウザでアクセスしましょう。

https://www.python.org/

ウェブブラウザとは、いわゆるホームページを見るソフトウェアでEdge（エッジ）やChrome（クローム）が有名です。筆者は主にChromeを使っています。

■ Pythonのインストール

図1に示すDownloadsメニューからWindowsを選択してください。図2のように、ダウンロードできるファイルの一覧が表示されます。

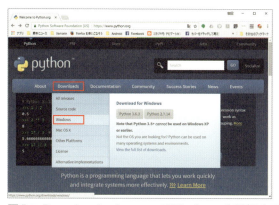

図1 DownloadsメニューでWindowsを選択する

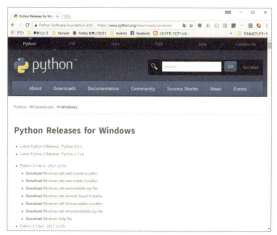

図2 ダウンロードできるファイルの一覧が表示される

Python Releases for Windowsという大きな文字の下に、

・Latest Python 3 Release - Python 3.6.3

・Latest Python 2 Release - Python 2.7.14

などと表示されています。Python3の最新のリリースが、この例ではPython3.6.3であり、Python2の最新リリースがPython2.7.14という意味ですね。Python3の最新版をインストールしましょう[注1]。

注1: 3.6.3は、本稿執筆時点の最新版です。最新版をインストールするのが好ましいですが、後述するPygameなどのモジュールが未対応の場合があるようです。その場合は、最新版ではなく、少し前のバージョンでお試しください。

しかし、図2のウェブページには、3.6.3以外にも3.6.4rc1とか3.7.0a3とか3.6.3より新しいバージョンがあります。これらはなんでしょうか？

aはalpha（アルファ）の略です。rcはRelease Candidate（リリース・キャンディデート）の略です。ソフトウェアは製品としてリリースされるまでに、alpha（テスト版）→ beta（ベータ：試用版）→ rc（リリース候補）という段階を通ることが多いです（図3）。

図3 ソフトウェア製品がリリースされるまで

筆者のイメージで言うと、rcはほとんど製品に近く、betaはだいぶできてきた、alphaはまだまだたくさんバグがある、という感じです。バグとはプログラムの不具合のことです。alpha → beta → rcと順番で、バグが少なくなり安定していきます。

いずれにしても、初学者は製品版を使ったほうがよいでしょう。プログラムが思ったように動かない原因が、自分のプログラムのミスなのか製品のバグなのかを迷わなくてすむようになるからです。

でも、製品版であるPython3.6.3にも複数のファイルがあります（図4）。どのファイルをダウンロードすればよいのでしょうか？

- Python 3.6.3 - 2017-10-03
  - Download Windows x86 web-based installer
  - Download Windows x86 executable installer
  - Download Windows x86 embeddable zip file
  - Download Windows x86-64 web-based installer
  - Download Windows x86-64 executable installer
  - Download Windows x86-64 embeddable zip file
  - Download Windows help file

図4 Python 3.6.3にはx86とx86-64など複数の種類がある

x86は32ビット版です。使っているWindows10などのWindows OSが32ビットのときはx86をダウンロードしてください。x86-64は64ビッ

ト版です。Windows OSが64ビットのときはどちらも使えますが、本書では64ビット版のx86-64を使います。

　自分が使っているWindowsパソコンのOSが32ビットか64ビットかわからないときは、スタートメニューから設定を選び、システムのバージョン情報を表示します（図5）。システムの種類を確認してください。

図5 ▶ Windowsのバージョン情報

　32ビット、64ビットにそれぞれ3つのダウンロードファイルがありますが、インストールが簡単なのは、実行形式のexecutable installerです。使っているパソコンに合わせて、32ビットか64ビットのexecutable installerをダウンロードしましょう。

　ダウンロードしたファイルをダブルクリックすると、インストールが始まります。もしウェブブラウザの左下にダウンロードしたファイルが表示されていない場合は、ダウンロードフォルダにあるダウンロードしたファイルをダブルクリックしてインストールを始めてください。ファイル名がpython-3.で始まる拡張子がexeのファイルです。

　インストール開始画面では、Add Python 3.6 to PATHにチェックを付けておきます（図6）。PATH（パス）に登録すると、どこのフォルダにいるときでもPythonが起動できるようになります。PATHに登録しておくと、Pythonをインストールしたフォルダに移動しなくても、Pythonを起動できるようになります。

　その後、使いやすくインストールするために「Customize installation」をクリックします。

図6 Pythonのインストール開始画面

　Optionの選択画面ではデフォルト（既定）で全てのオプションにチェックが付いていますので、そのまま「Next」をクリックしてください（図7）。

図7 Optional Featuresの画面

　Advanced Optionsの画面ではinstall location、つまりインストールする場所（フォルダ）を変更します。デフォルトのままではフォルダの階層が深いので（図8）、単純にしておきましょう。

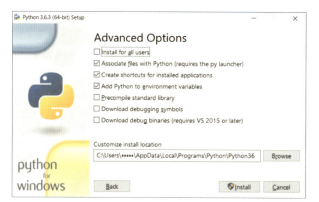

図8 Advanced Optionsの画面。＊＊＊＊＊はユーザー名

　C:\py\Python36のように入力して、階層を浅くします（図9）。画面上のバックスラッシュ（\）は円マーク（¥）のことです。「Install」をクリックして進めましょう[注2]。

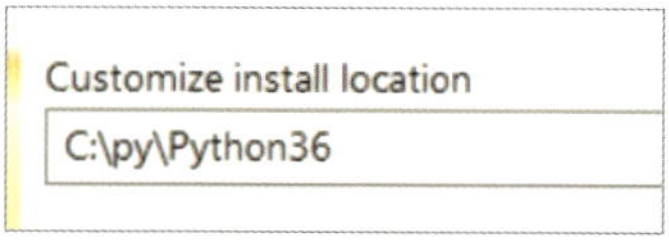

図9 install locationを変更しよう

　Setup was successfulとセットアップが成功した画面が表示されれば、インストールは成功です。その画面の下の方に、Disable path length limitという項目が表示されたら、ここをクリックするとWindows10の既定のパスの長さの制限（MAX_PATH）を解除できます。今回は単純なフォルダにインストールしたのでクリックする必要はありません。「Close」をクリックして終わりましょう。

　スタートメニューにPython3.6が追加されていますので（図10）、その中からIDLE(Python3.6 64-bit)を選んでみましょう[注3]。

注2：インストールの途中で「このアプリがデバイスに変更を加えることを許可しますか？」という確認画面が表示されたときは、「はい」を選んでください。

注3：IDLEはPython's Integrated Development and Learning Environmentの略です。

図10 スタートメニューにPython3.6が追加されている

　Python3.6.3 Shellが起動しました（図11）。Shell（シェル）とは、一般にOSがユーザーのためにインターフェイスを提供するソフトウェアのことですが、ここではOSではなくPythonのShellです。

図11 Python3.6.3 Shellが起動した

　>>>という行頭の記号はプロンプトといい、入力をうながすものです。ここにPythonのコード（プログラム）を打ち込んで、Enterキーを押すと、そのコードを実行できます。これをインタラクティブモードと呼びます。インタラクティブは対話的という意味です。
　print("Hello Python!")と入力してEnterキーを押しましょう。Hello Python!と表示されます（図12）。

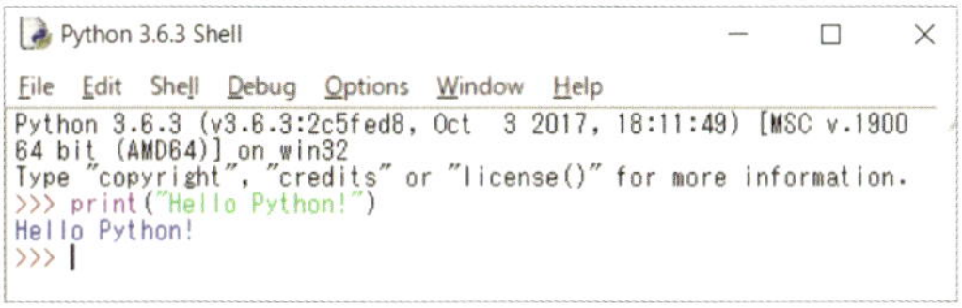

図12 Hello Python!と表示された

　さて、本書ではPython3を使いますが、Python2もまだ広く使われています。インターネットのウェブサイトに数多く掲載されているPython言語の解説でもPython2を対象にしているものも多いようです。

　Python2かPython3かを簡単に見分けるには、printに注目してください。Python2ではprintはprint文（ステートメント）です。Python3ではprintは関数なので、print("Hello Python!")と書かなくてはいけません。Python2でも、Python3と同じようにprint("Hello Python!")と書くこともできますが、print "Hello Python!"と書いてあることが多いようです。このような書き方を見たら、Python2の解説だなと思ってください。関数と文（ステートメント）についてはあらためて説明します。

Pygameのインストール

　次にゲーム作成用ライブラリPygameをインストールします。第1章で標準ライブラリはPythonをインストールするとインストールされるが、外部ライブラリはインストールする必要があると書きました。確かめてみましょう。

　ライブラリを使うときは、import（インポート）で取り込んで使います。Python Shellで、標準ライブラリであるrandomをimportしてみます（図13）。

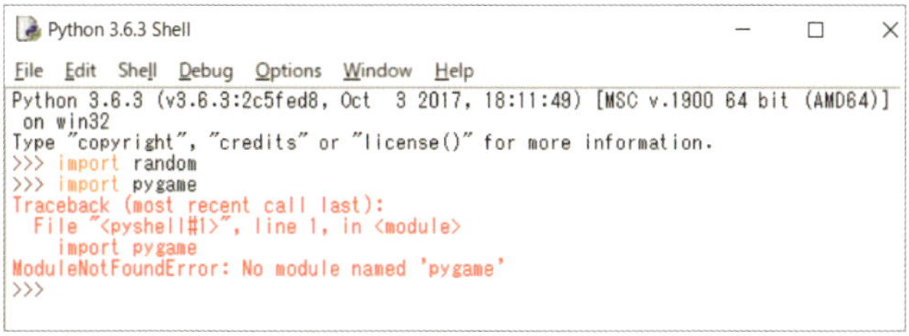

図13 ライブラリをインポートする

>>> import randomの行ですね。importできたので、エラーメッセージは表示されません。次の行でpygameをimportすると、ModuleNotFoundErrorになりました。pygameという名前のモジュールがないというエラーです。

そこで、pipというPythonのパッケージ管理システムを使ってPygameをインストールします。pipそのものはOptionの選択画面（図7）でチェックを付けていたので、インストールされています。スタートメニューから、Windowsシステムツールの中のコマンドプロンプトを選択します（図14）。

図14　コマンドプロンプトが起動した

pip3 install pygameと入力してEnterキーを押します。Successfully installed pygame-1.9.3と表示されたら、インストール成功です（図15）。

図15　pygameをインストールした

もう一度、Python Shellでpygameをimportしてみます。今度はエラーが表示されませんね（図16）。ちなみにPython Shellをコマンドプロンプトから終了するときはquit()と入力し、Enterキーを押します。ほかにも

FileメニューからExitを選ぶ、右上の閉じるボタンを押すなどでPython Shellを終了することができます。

```
*Python 3.6.3 Shell*
File Edit Shell Debug Options Window Help
Python 3.6.3 (v3.6.3:2c5fed8, Oct  3 2017, 18:11:49) [MSC v.1900 64 bit (AMD64)]
on win32
Type "copyright", "credits" or "license()" for more information.
>>> import random
>>> import pygame
Traceback (most recent call last):
  File "<pyshell#1>", line 1, in <module>
    import pygame
ModuleNotFoundError: No module named 'pygame'
>>> import pygame
>>> quit()
```

図16 pygameをimport、その後quit()でPython Shellを終了

　パッケージ管理システムpipについてもう少し説明します。Python2にはpipコマンドがあり、Python3にもpipコマンドがあります。そして、Python2とPython3は1つのパソコンに両方を入れることができます。両方のコマンド名が同じpipだと区別が付かないので、Python3にはpipと同じコマンドがpip3という名前で用意されています。ですから、ここではpip3を使いましたが、Python3だけしかインストールしていなければ、pip3ではなく、pip install pygameと入力しても構いません。

　さて、IDLEでも十分、プログラムを作っていくことができるのですが、より便利な統合開発環境であるPyCharmをインストールしておきましょう。

❙❙ PyCharmのインストール

　Jetbrains（ジェットブレインズ）のサイトから、PyCharmのWindows用のCommunity版をダウンロードしましょう。

　https://www.jetbrains.com/pycharm/download/#section=windows

　Jetbrainsはチェコに本社を置く会社でJava用の統合開発環境IntelliJ IDEAやAndroid用の新しいプログラミング言語Kotlinの開発などで、有名な会社です。

　Community版のダウンロードボタンをクリックすると（図17）、実行形式のインストールファイルをダウンロードすることができます。

図17 JetbrainsからPyCharmをダウンロードする

ダウンロードしたファイルをダブルクリックしてインストールを始めます（図18）。

Setupの画面が表示されたら、「Next」をクリックしてください（図19）。

図18 Setupの画面が表示された

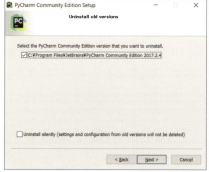

図19 以前のバージョンがインストールされていた場合、アンインストールの確認が表示される

　以前のバージョンのPyCharmがインストールされている場合、uninstall（アンインストール）するバージョンの確認が表示されるので、チェックを付けます。「Next」で進みます。以前のバージョンの削除に関する画面がいろいろ出てきますが、初めてのインストールの人は出てこないので気にしないでください。キャッシュやローカルヒストリといった以前のバージョ

ンの記憶に関するもの、そして設定やインストール済みのプラグインを削除するか確認する画面です。削除するバージョンのチェックボックスにチェックを付けて、「Uninstall」をクリックします。

Completedと表示されたら、「Close」をクリックします（図20）。

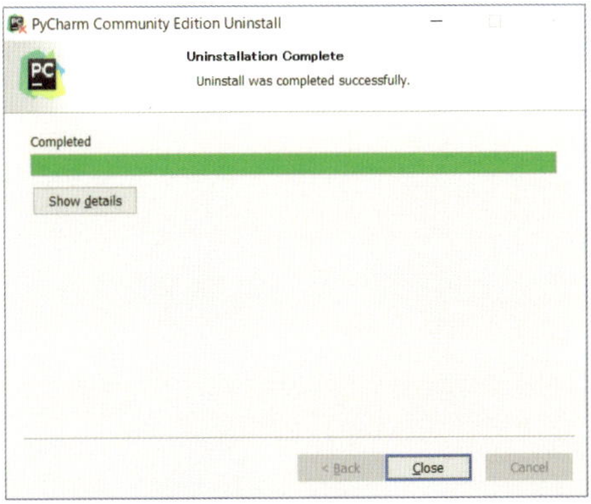

図20 Completed 画面

すると、インストール先の設定画面が表示されます。PyCharmのインストール先は、特に変更する必要はないので、「Next」で先に進みます（図21）。

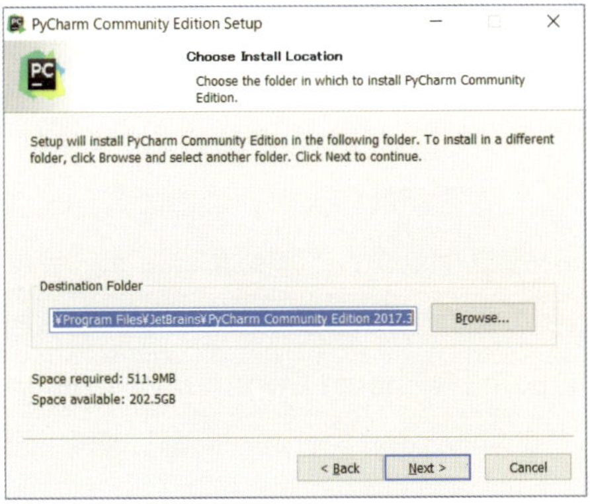

図21 インストール先の設定画面

デスクトップにショートカットを作りたいときは、Create Desktop Shortcutの32-bit launcherもしくは、64-bit launcherにチェックを付

けます。筆者は64ビット版を使いたいので、64-bit launcherにチェックを付けます（図22）。Create Associationsで.pyにチェックを付けると、Pythonのソースファイル（プログラムを記述したファイル）にPyCharmを関連付けてくれます。つまり、.pyの拡張子を持つファイルを開くプログラムがPyCharmになるのです。.pyはPythonのプログラム（モジュール）に付ける拡張子なのです。Download and install JRE x86 by JetBrainsにもチェックを付けています。

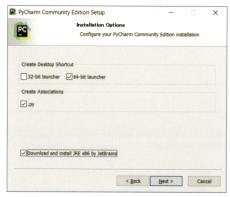

図22 インストールオプションの画面

　JREはJava Runtime Environment（Java実行環境）です。チェックを付けるとJetBrainsからJREをダウンロードしてインストールします。JREはOracle（オラクル）のサイトからもダウンロードすることもできますが、JREをこれまで自分でダウンロードした覚えがない人は、ここにチェックを付けておくとよいでしょう。「Next」をクリックして進めましょう。

　開いたChoose Start Menu Folderの画面で「Install」をクリックするとインストールが始まります（図23）。Run PyCharm Community Editionにチェックを付けて、FinishをクリックするとPyCharmが起動します（図24）。

図23 Choose Start Menu Folderの画面

図24 インストール完了の画面

　以前のバージョンがインストールされていると、設定をインポートするかどうか確認する画面が表示されることがあります。ここでは、インポートしない（Do not import settings）を選んで先に進みます。
　背景が白いIntellijか黒いDarculaかUI（ユーザーインターフェイス）のテーマを選択できます（図25）。私は白いIntellijを選びました。Next:Featured pluginsをクリックして進みます。

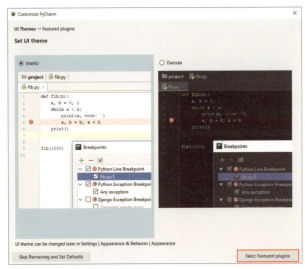

図25 UI themes の選択

　次にお薦めのプラグインを選択することができますが、何も選ばずに Start using PyCharm をクリックします（図26）。これで PyCharm が起動します（図27）。

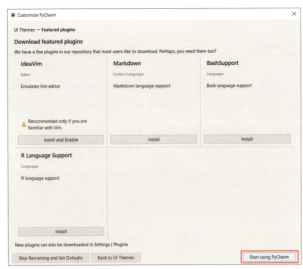

図26 Featured Plugins の選択

図27 ◦ PyCharmが起動した

2 MacOSにインストールする

　本書はWindowsパソコンを対象に解説していきますが、MacOSにプログラミング環境を作る方法も手短に説明しましょう。

　MacOSにはPython2系ははじめからインストールされています。インストールされているPython2系のバージョンを確認するには、LaunchpadからOther（その他）を選択しターミナルを起動します。ターミナルにpython -Vを入力してEnterキーを押すと、Pythonのバージョンが表示されます。-VのVは大文字ですから、気を付けてください（図28）。

図28 ◦ インストールされているPython2のバージョンを見る

　Python3をインストールするには、パッケージマネージャHomebrewをインストールします。Macでウェブブラウザを開き、Homebrewを検索してアクセスしてください（図29）。

　Homebrewのページに書いてある通りに、/usr/bin/ruby -eで始まるスクリプトをコピーして、ターミナルに貼り付けて、実行します（図30）。

図29 Homebrewのページ

```
Last login: Tue Dec 12 18:15:22 on ttys000
kanhiros-MacBook-Pro:~ kanehiro$ /usr/bin/ruby -e "$(curl -fsSL https://raw.gith
ubusercontent.com/Homebrew/install/master/install)"
==> This script will install:
/usr/local/bin/brew
/usr/local/share/doc/homebrew
/usr/local/share/man/man1/brew.1
/usr/local/share/zsh/site-functions/_brew
/usr/local/etc/bash_completion.d/brew
/usr/local/Homebrew
==> The following new directories will be created:
/usr/local/sbin

Press RETURN to continue or any other key to abort
```

図30 Homebrewのインストール確認

　いったんインストール内容の確認が表示されます。RETURNキーで実行します。

　次にHomebrewでPython3をインストールします。それには、ターミナルでbrew install python3と入力し、Enterキーを押して実行します。

　ゲーム作成用ライブラリPygameはWindowsと同様に、ターミナルでpip3 install pygameを実行してインストールします。

　MacのウェブブラウザでPyCharmのダウンロードページにアクセスしてCommunity版をダウンロードします。

　https://www.jetbrains.com/pycharm/download/#section=mac

ダウンロードしたdmgファイルをクリックして開くと次のような画面が表示されます（図31）。

図31 ▶ dmgを開いたところ

PyCharmのアイコンを右側のアプリケーションアイコンにドラッグするとインストールが始まります。

3 Linuxにインストールする

Linuxでは、Python3もあらかじめインストールされていることが多いようです。筆者はUbuntu16.04とRaspberry Pi 2 Model B上のRaspbianで動かして試してみました[注4]。

ここでは、Ubuntu16.04を例にプログラミング環境の作り方を説明します。

端末を開いて、python -Vとpython3 -Vを実行します。Python2とPython3のバージョンが表示されます（図32）。

図32 ▶ Python3のバージョンを確認

注4：Raspberry PiのOSには、Raspberry Piに対応しているDebianベースのRaspbianをインストールしてPythonを試しましたが、メモリの大きさやCPUの能力の関係で、PyCharmの利用は難しいようです。

pip3はインストールされていないので、端末でsudo apt install python3-pipを実行します。スーパーユーザーのパスワード聞いてきますので、入力するとインストールが始まります。次に端末で、pip3 insatll pygameと入力して、Pygameをインストールしてください。

　PyCharmのインストールに進みましょう。ブラウザでPyCharmを検索して、Linux版のダウンロードページからCommunity版をダウンロードします。

　https://www.jetbrains.com/pycharm/download/#section=linux

　筆者はpycharm-community-2017.3.tar.gzをダウンロードしました。ダウンロードしたファイルを右クリックして、「ここに展開する」を選びます（図33）。Pycharm-communityで始まるフォルダが作成されるので（図34）、このフォルダをホームに移動します。

図33 ▶ ダウンロードしたファイルを展開する

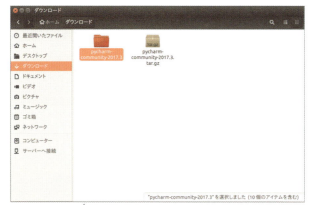

図34 フォルダが作成された

　ホームに移動したら、フォルダ名をpycharmのように簡単にしておくとよいでしょう。これで、端末から「./pycharm/bin/pycharm.sh」と入力するとPyCharmが起動します。

第3章 初めてのプログラムの作成

Pythonのコードに慣れよう

第2章のプログラミング環境の作成はなかなか難しかったですね。
本章のはじめはあまり難しいことを考えないで、
Pythonのコードに慣れることを目標にしましょう。

Pythonの雰囲気を感じよう

　英語などの外国語を学ぶときと同じように、新しいプログラミング言語を学ぶときは、その言語の文法を覚えないといけません。その前に、まずはPythonの雰囲気に慣れましょう。

　IDLEを起動して、Python Shellでコードをインタラクティブ（対話的）に実行してみましょう。

　>>>のプロンプトに続けて、コードを入力しEnterキーを押すと実行されます。終了するにはFileメニューからExitを選択してください。Ctrl+Qやquit()と入力することでも終了できます。もちろん、右上の閉じる（×）ボタンで終了しても構いません。

　ちなみにMacを使っている場合は、ターミナルを起動してpython3と入力してください。>>>のプロンプトが表示されます。Ubuntuを使っている場合は、端末を起動してpython3と入力してください。

　まず、Hello, Pythonという文字列を表示してみましょう（図1）。

図1 ▶ 文字列 (Hello, Python) の表示

「文字列」という言い方はプログラムにとっては常識なのですが、一般的ではないですよね。「Helloという文字列」という表現は日常会話ではしませんね。文字が連続しているものを文字列と呼びます。これに対し、1文字だけの場合は文字と呼びます。なぜかと言うと、文字と文字列で扱い方の違うプログラミング言語があるからです。Pythonの場合は、文字も文字列も同じように扱えるので、1文字と文字の連続を分けて考える必要はありません。

　またPythonでは、文字列はダブルクォート（"）かシングルクォート（'）で囲む必要があります（図2）。

```
>>> print("Hello, Python")
Hello, Python
>>> print('Hello, Python')
Hello, Python
>>> print(Hello, Python)
Traceback (most recent call last):
  File "<pyshell#2>", line 1, in <module>
    print(Hello, Python)
NameError: name 'Hello' is not defined
>>> 
```

図2 文字列はダブルクォートかシングルクォートで囲む

　ダブルクォートかシングルクォートで囲まないとNameErrorというエラーが表示されます。NameErrorは、名前が見つからないというエラーです。'Hello' is not defined（Helloは定義されていない）と表示されています。Helloを単なる文字列ではなく、何か特別の意味があるものだと解釈しているのです。

　それに対し、数字はダブルクォートやシングルクォートで囲みません。小数点付きの数値でも同様です（図3）。

```
>>> print(5)
5
>>> print(107.23)
107.23
>>> 
```

図3 数字は囲まない

❖ 演算子

図4を見てください。数字を直接入力して、電卓のように使うこともできます。

```
>>> 5 + 2
7
>>> 5 - 2
3
>>> 5 * 2
10
>>> 5 / 2
2.5
>>>
```

図4 ❖ 足し算、引き算、掛け算、割り算

　5 + 2は、7と表示されています。+は足し算、-は引き算を意味します。算数と同じですね。これに対し、掛け算は＊で、割り算は/です。算数とは違いますね。プログラミングの用語では、これらの記号（+、-、＊、/）を演算子（えんざんし）と呼びます。5 + 2の5や2のことは被演算子と呼びます。「演算子」と「被演算子」は、日常ではあまり使わない言葉なので、難しく感じられるかも知れませんね。簡単に言ってしまうと、計算する側と計算される側のことです。

　計算に関する他の演算子も見てみましょう（図5）。

```
>>> 5 % 2
1
>>> 5 // 2
2
>>> 5 ** 2
25
>>>
```

図5 ❖ 剰余、商、べき乗

　％は余り（剰余）を求めます。//は商を整数で求めます。＊＊はべき乗です。5 ＊＊ 2は5の二乗です。

これを次の**表1**にまとめます。

表1 算術演算子

演算の種類	記号	読み方
足し算	＋	
引き算	－	
掛け算	＊	アスタリスク
割り算	／	スラッシュ

演算の種類	記号	読み方
剰余算	％	
商を整数	／／	
べき乗	＊＊	

変数

　このような簡単な計算をするだけなら、別にプログラミング言語を使わなくても電卓を使えばいいですね。プログラミング言語ならではの代表的な機能として、変数があります。

　変数には数値や文字列、そして、もっと複雑な形式のデータを記憶しておくことができます。電卓にもメモリ機能がありますよね。計算の途中結果をメモリに入れて、次に求めた値をメモリ値に足したり引いたりできます。プログラミング言語では、このようなメモリを変数としていくつも用意することができて、数値だけなくいろいろなデータが記憶できます。そして、変数をいくつも使うために変数には変数名という名前を付けます。

　Python Shellで確認しましょう（図6）。

```
>>> a = 5
>>> b = 2
>>> a * b
10
>>> str1 = "Hello "
>>> str2 = "Python"
>>> str1 + str2
'Hello Python'
>>>
```

図6 変数の利用例

　まず、a = 5で変数aに5を代入しています。=（イコール）記号は「等しい」ではなく、右辺を左辺に代入することを意味する代入演算子です。ですか

ら、変数aの値は5になります。変数bには2を代入しているので、a * bは10になります。

str1には"Hello "という文字列を代入し、str2には"Python"を代入して、+で文字列を連結しています。文字列同士を+すると、結合という意味になります。

a = 5、a * bと演算子と被演算子の間にスペース（空白）を入れていますが、これは単に見やすくするためです。

図7のようにa=5と入力しても、「a」と「=」と「5」だとPythonは認識してくれます。それでも、見やすさのためにa = 5と書くことをお薦めします。

```
>>> a=5
>>> b=2
>>> a*b
10
>>> 
```

図7 ▸ スペースは必要ではない

変数名の規則

変数名には命名規則というか制限事項があります。

・**変数名に使える文字は大小英文字と数字、そしてアンダースコア（_）**
　アンダースコア以外の記号やスペースを変数名に使うことはできません。
・**数字で変数名を始めてはいけない**
　str1は変数名として使えますが、1strは使えません。
・**大文字と小文字は区別される**
　Aとaは違う変数名とPythonは認識します（AbcとabcもⅣ違う）。
・**予約語は使えない**
　第1章で紹介したPythonの予約語を変数名として使うことはできません。つまり、and = 10などとはできません。

では、これらの制限を踏まえて、変数名はどのように付けるとよいでしょうか。まず、筆者がお薦めするのは英小文字を使ってわかりやすい名前を

付けることです。

　たとえば、ageとかspeedなどと英単語を使う方法です。よく似た性質の変数を複数作成したいときは、数字を組み合わせてage1、age2としたり、意味を持たせたいときはアンダースコアと組み合わせてspeed_normal、speed_highなどとするとわかりやすいでしょう。

　他のプログラミング言語には、最初に値を設定できるけど、途中で値を変えることのできない定数（ていすう）というものが用意されており、変数とは違う宣言の仕方をします。Pythonには文法としての定数は用意されていませんが、プログラムの開始から終了まで値の変わらない変数を定数と考えることができます。そんな定数には、間違って値を変更することのないように、通常の変数とは異なる名前を付けておきたいですね。定数には英大文字を使うことをお薦めします。たとえば、何かのスピードの最大値は、SPEED_MAX = 5000のように表すといいでしょう。

代入演算子

　a = 5は「aに5を代入する」でした。その後、aに3を足すのはa = a + 3と書きます（図8）。引き算の場合も同じくb = b - 2と書きます。右辺の計算結果を左辺に代入するのですね。

```
>>> a = 5
>>> a = a + 3
>>> print(a)
8
>>> b = 7
>>> b = b - 2
>>> print(b)
5
>>>
```
図8　変数aに足し算、変数bに引き算を実行

　Pythonではこれらの計算をもっと簡単に書くことができます（図9）。
　a = a + 3は、a += 3と書くことができます。「+=」は演算と代入をひとまとめにしたもので複合代入演算子と呼びます。表2のような複合代入演算子があります。

```
>>> a = 5
>>> a += 3
>>> print(a)
8
>>> b = 7
>>> b -= 2
>>> print(b)
5
>>> 
```
図9 ● 複合代入演算子の利用例

表2 ● 複合代入演算子

複合代入演算子の種類	演算内容
x ＋＝ y	x ＋ y の結果をxに代入
x －＝ y	x － y の結果をxに代入
x ＊＝ y	x ＊ y の結果をxに代入
x /＝ y	x / y の結果をxに代入
x %＝ y	x / y の余りをxに代入

関数

　変数と並んで、プログラミング言語の重要な機能に関数があります。

　関数とはなんらかの値を受け取って、加工した結果を返すものです。受け取る値のことを引数（ひきすう）、返す値のことを戻り値（あるいは返り値）と呼びます。たとえると、バナナとミルクを渡すと、バナナジュースを返してくれるジューサーのようなものです。len関数を使ってみましょう（図10）。

```
>>> str = "Hello"
>>> len(str)
5
>>> 
```
図10 ● len関数は文字列の長さを返す

　len関数は文字列などを引数として、その長さを戻り値として返します。Hello文字列の長さとして5が返ってきていますね。引数を1つ受け取って、

戻り値を返しています。これが基本的な関数の形です。

同じような関数にabs()やint()があります（図11）。abs関数は引数の絶対値を返します。int関数は引数の小数点以下を切り捨てた値を返します。

```
>>> abs(-5)
5
>>> int(5.6)
5
>>> 
```

図11 ▸ abs()は絶対値、int()は小数点以下を切り捨て

引数は複数受け取ることもできます。代表的な関数はmax()とmin()です。max関数は2つ以上の引数の中で最大のものを返します。2つ以上なので、2つでも3つでも良いです。min関数は2つ以上の引数の中で最小のものを返します（図12）。

```
>>> max(19,20)
20
>>> max(19,20,21)
21
>>> min(-10,-11)
-11
>>> 
```

図12 ▸ max()は最大値、min()は最小値を返す

これまで紹介した関数は組み込み関数と呼ばれています。組み込み関数とはPythonにはじめから組み込まれている関数のことです。「このような関数はプログラムの多くが必要になるだろう」とあらかじめプログラミング言語側で用意してくれている関数が組み込み関数です。

これらの関数を使ってプログラムを作成していくのですが、用意されている関数だけでなく、独自の関数が必要になることもあります。たとえば、レジのプログラムを作るなら、消費税の計算が必要です。消費税をなんども繰り返し計算するので、関数として作成しておいたほうが便利だからです。と言いますか、作りたい処理に合わせて必要な関数を作っていくことがプログラミングの大きな部分を占めます。

関数の作成

関数を作成することを、関数を定義すると言います。Pythonでの関数定義は次のような書き方をします。

```
def 関数名(引数1,引数2,...):
    命令1
    命令2
    return 戻り値
```

defはdefine（定義する）の略のようです。いかにも関数定義という感じがしますね。引数は複数指定することもできますし、省略して引数をとらない関数にすることもできます。プログラミングの用語として、引数を受け取ることを「引数をとる」、「引数を1つとる」のように言います。

また、戻り値を返す場合は、「return 戻り値」というreturn文を記述します。戻り値がないときは、returnは省略します。文法的に気をつけなければいけないところは、引数の閉じ括弧の後ろにコロン(:)を付けることです。

コロンのあとにはブロックが続きます。ブロックとは複数行のコードの集まりで、関数の場合は関数ブロックと呼びます。

それでは、まず「My name is 自分の名前」と自己紹介をする関数を作ってみましょう。Python Shellは1行ずつコードを実行するには便利なのですが、関数を作成してあとで実行するような場合、途中で入力を間違えて直したいときには不便なので、Pythonのプログラムファイルを作りましょう。

FileメニューからNew Fileを選んで新しいファイルを作ります（図13）。

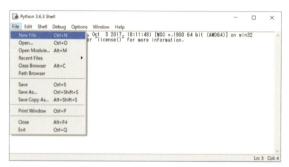

図13 FileメニューからNew Fileを選ぶ

def myname(name):と入力して、Enterキーを押すと、次の行にカーソルが移動し、すでにインデント（字下げ）されています（図14）。ここに関数内の処理を記述していきます。

```
*Untitled*
File  Edit  Format  Run  Options  Window
def myname(name):
    
```

図14 ▶ defで関数定義を始める

str = "My name is " + nameと入力して、Enterキーを押します（図15）。カーソルは次の行に移動し、カラム位置はstrのsの開始位置にあります。続けて、print(str)と入力します。

```
*Untitled*
File  Edit  Format  Run  Options  Window
def myname(name):
    str = "My name is " + name
```

図15 ▶ 1行入力してEnterキーを押したところ

その後、Enterで次行に移り、BackSpaceや左矢印でカラム位置を先頭に移動します。

そして、myname関数を呼び出すコードを書きます。そこまでが図16です。

```
def myname(name):
    str = "My name is " + name
    print(str)
myname("Taro")
```

図16 ▶ myname関数定義とmyname関数を呼び出すコード

繰り返しになりますが、Pythonではインデントが文法です。字下げされている2行がmyname関数内の処理で、字下げしていない行はTaroという引数を渡して、myname関数を実行するコードです。

実行する前にFileメニューからSaveを選んでプログラムを保存します

(図17)。ファイル名にmynameと入力し保存ボタンをクリックして保存します(図18)。

図17 ▶ FileメニューからSaveを選んで保存する

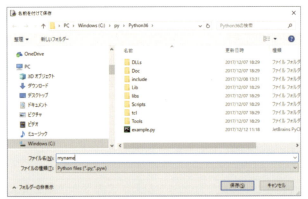

図18 ▶ ファイル名にmynameと入力し保存ボタンをクリックする

　保存するフォルダはデフォルト（既定）でPythonをインストールしたフォルダになりますが、変更することもできます。ファイルの種類ではPython filesを選びます。そうすると、ファイルの拡張子はpyになります。Windowsでは拡張子を意識しなくてもプログラムを利用できることが多いので、拡張子を意識されていない人もいるかと思いますが、拡張子はファイルの種類を特定するために、ファイル名の後ろに付ける文字列です。

　txtがテキストファイルを表したり、wavが音声ファイルを表したりするようにPythonのソースファイル（プログラムが書いてあるファイル）の拡張子はpyになります。ファイル名と拡張子は．（ピリオドもしくはドット）

で接続しますので、いま保存したファイルはmyname.pyとなります。

それでは、実行してみましょう。RunメニューからRun Moduleを選んで実行します(図19)。

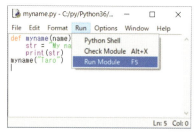

図19 ▸ RunメニューからRun Moduleを選ぶ

Python ShellにMy name is Taroと表示されました(図20)。

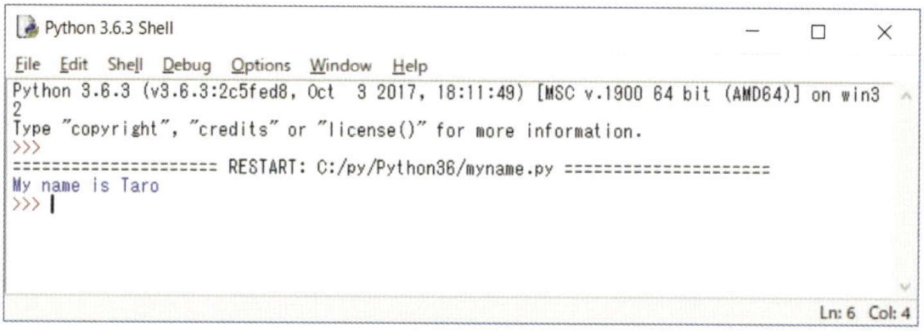

図20 ▸ Python Shellに実行結果が表示される

コメント行

プログラムにはコメントを書きます。たとえば、この関数はどんな処理をする関数で、引数は何であるか、また、この行はどんな目的のために書いてあるのか、あるいはこのコードの出力結果はこんな風になりますよということを覚え書きとして残します。

コメントは人間向けに書く文書でPythonには関係ありません。図21に示すように、通常のコードと区別するためにコメント行は#(ハッシュマーク)で始めます(シャープ＝♯とは違う記号です)。

```
def myname(name):
    #引数として渡された名前をMy name isと連結して表示する
    str = "My name is " + name
    print(str)
myname("Taro")
```

図21 コメントの記入例

　#で始まるコメントを書いてみました。Pythonはコメント行を無視してくれます。ですから、一時的に実行したくないコードに#を付けたりすることもできます。これをコメントアウトと呼びます。
　また、複数行にわたるコメントはダブルクォートやシングルクォート3つで囲み、以下のように記述することができます。

```
"""
複数行のコメント
ダブルクォートで囲む
3行目
"""

'''
複数行のコメント
シングルクォートで囲む
3行目
'''
```

　コメントはプログラムの内容を人に理解してもらうために書くと考えがちですが、実は自分のためになることの方が多いようです。コメントを書くことにより、プログラムのどこで何をしているかが明確になって、よりわかりやすくコードを整理できたりします。また、プログラムをたくさん作成するようになると、数カ月前に自分の書いたプログラムの内容がわからなくなったりします。コメントを残しておくと、思い出すのが早くなりますので、積極的にコメントを書いてください。

戻り値のある関数

今度は、引数を受け取って、戻り値を返す関数を作ってみましょう。商品の本体価格（税抜価格）を引数として受け取り、税込価格を戻り値として返すプログラムを作ってみます（図22）。

```
def calc_tax(price):
    tax_inc_price = price * 1.08
    return tax_inc_price

print(calc_tax(2100),"円")
```

図22 calc_tax関数

商品の本体価格を受け取り、税込価格を返す関数calc_taxを作成しました。calc_tax関数の中では引数に1.08を掛けて税込価格（tax_inc_price）を求め、return文で返しています。print文の引数にcalc_tax(2100)を渡して実行してみました。IDLEではreturn文を入力してEnterキーを押すと、関数定義の終わりだと判断してくれて、次行はインデントしません。

また、My name isの例とは違い、関数定義と関数呼び出しの間に空白行がありますが、Pythonは空白行を無視してくれるので、見やすさのために空白行を挿入したほうがいいですね。print関数も複数引数をとることができるので、円も表示してみました（図23）。

```
Python 3.6.3 Shell
File  Edit  Shell  Debug  Options  Window  Help
Python 3.6.3 (v3.6.3:2c5fed8, Oct  3 2017, 18:11:49) [MSC v.1900 64 bit (AMD64)]
 on win32
Type "copyright", "credits" or "license()" for more information.
>>>
==================== RESTART: C:/py/Python36/addTax.py ====================
2268.0 円
>>>
                                                              Ln: 6  Col: 4
```

図23 税込価格を表示

関数名の付け方

　税込金額を求める関数名をcalc_taxとしました。関数名の付け方としては、英単語で動詞、名詞の組み合わせがわかりやすいと思いますが、単語のつなぎ方に、2つの作法があります。

　calc_taxのようにアンダースコアで単語つなぐ命名規則をsnake case（スネークケース）と言います。 一方、calcTaxのように2つ目以降の単語の先頭の文字を大文字する命名規則をcamel case（キャメルケース）と言います。ラクダのこぶのようになるからですね。

　本書はPython（ニシキヘビ）の本なので、スネークケースを採用したいと思います。

　さて、消費税を計算するcalc_tax関数ですが、消費税率を0.08%固定で計算しているので、税率の変更に対応できませんね。税率も引数として受け取るように引数を2つにしてみましょう（**コード1**）。

コード1 calc_tax02.py

```python
def calc_tax(price,tax_rate):
    tax_inc_price = price * (1 + tax_rate)
    return tax_inc_price
```

　消費税率をtax_rateとして受け取るように変更しました。
　そして、税率は0.08や0.1なので、1と足し算してから、商品の価格と掛け算をしています。算数と同じようにプログラミング言語でも計算の優先順は( )で指定します。

```python
print(calc_tax(2100,0.08),"円")
print(calc_tax(2100,0.1),"円")
```

　このように8％と10％で税込価格を計算した結果が**図24**です。

```
Python 3.6.3 Shell
File Edit Shell Debug Options Window Help
Python 3.6.3 (v3.6.3:2c5fed8, Oct  3 2017, 18:11:49) [MSC v.1900 64 bit (AMD64)]
on win32
Type "copyright", "credits" or "license()" for more information.
>>>
==================== RESTART: C:\py\Python36\addTax.py ====================
2268.0 円
2310.0 円
>>>
```

図24 消費税率変えて税込価格を表示

　このようにすると、複数の税率に対応できるのですが、毎回税率を引数として渡すのは少し面倒ですね。そういうときは、次のように、引数にデフォルト値（既定値）を設定しておくことができます。

```
def calc_tax(price,tax_rate = 0.08):
    tax_inc_price = price * (1 + tax_rate)
    return tax_inc_price
```

　引数tax_rateに0.08というデフォルト値を設定しました。print(calc_tax(2100),"円")と第二引数を省略すると、0.08が使用されます。
　print(calc_tax(2100,0.1),"円")のように第二引数を指定すると、指定した消費税率で計算されます。次のように表示されます。

```
2268.0 円
2310.0 円
```

変数のスコープ

　関数の説明をしたので、変数のスコープの説明もしておきましょう。変数にはスコープがあります。スコープとは変数の有効範囲です。

・グローバル変数（広域変数）
　関数の外で宣言した変数は、関数の中からも関数の外からも参照できます。この変数をグローバル変数と言います。

・ローカル変数（局所変数）

関数の中で宣言した変数は、その関数の中でしか読み書きができません。

では、具体例を見ていきましょう。まずは、関数の外で宣言したグローバル変数は関数の中からも外からも参照できるという例です（scope01.py）。

```
data1 = 10
def func1():
    print(data1,"in func1()")


func1()
print(data1)
```

実行結果は、次のようになります。

```
10 in func1()
10
```

data1は関数の外で宣言されたグローバル変数です。ですから、関数func1の中からも参照できます。実行結果の最初の10はfunc1()の中で出力した10です。次の10は関数の外で出力した10です。

次に、関数の中で宣言した変数は、その関数の中でしか読み書きができませんという例の**コード2**を見ていきましょう。

コード2 ✢ scope02.py

```
def func1():
    data1 = 10
    print(data1)
    data1 += 1
    print(data1)


func1()
print(data1)
```

data1はfunc1()内で宣言したので、ローカル変数です。printした後、1を加算しているので10,11と表示されます。func1()を実行したあと、関数の外で、print(data1)とローカル変数data1を参照しようとするとエラーになります。エラーの内容は'data1' is not defined（data1は定義されていません）です（図25）。

```
Python 3.6.3 Shell
Python 3.6.3 (v3.6.3:2c5fed8, Oct  3 2017, 18:11:49) [MSC v.1900 64 bit (AMD64)] on win32
Type "copyright", "credits" or "license()" for more information.
>>> 
===================== RESTART: C:/py/Python36/scope02.py =====================
10
11
Traceback (most recent call last):
  File "C:/py/Python36/scope02.py", line 8, in <module>
    print(data1)
NameError: name 'data1' is not defined
>>> 
```

図25 ▸ scope02.pyの実行結果

　関数の外からは関数の中の変数が見えません。この性質から言うと、グローバル変数とローカル変数で同じ名前の変数が使えることになります（コード3）。

コード3 ▸ scope03.py

```
data1 = 10
def func1():
    data1 = 100
    print(data1)


func1()
print(data1)
```

　関数の外側と内側で同じ変数名data1を宣言しました。関数外では10を、関数内では100を代入しています。

```
100
10
```

　処理結果はfunc1()のprint()が100を出力して、関数外のprint()が10を出力しました。この結果からは、関数内ではグローバル変数よりもローカル関数が優先されると言えます。このことは逆に言うと、グローバル変数data1の値をfunc1()内からは変更できないことを意味します。data1 = 100としても新たにローカル変数data1が作成されるからですね。

　実は関数内ではglobal 変数名と宣言することでグローバル変数を更新できるようになります（**コード4**）。グローバル変数data1に10を加算するので、出力結果は両方とも20になります（図26）。

コード4 scope04.py

```
data1 = 10
def func1():
    global data1
    data1 += 10
    print(data1)


func1()
print(data1)
```

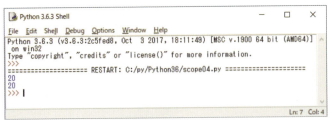

図26 scope04.pyの実行結果

関数内から、グローバル変数を更新できる機能は一見すると便利に感じられるかも知れません。しかし、プログラムが長くなり、たくさんの関数で構成されるようになると、途中で突然、グローバル変数の値が変わるのは、ある関数から見ると予期せぬ変化かもしれません。globalを使うときは注意が必要です。

ライブラリのimport

　第1章でPythonには豊富なライブラリがあるので、いろんな目的のプログラムを作成できると説明しました。第2章ではゲーム作成用ライブラリPygameをimport（インポート）してみました。
　これまでライブラリと説明してきましたが、ライブラリは総称です。実体はモジュールとパッケージです（図27）。

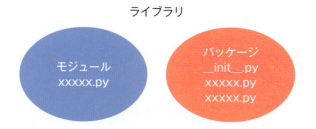

図27 ● ライブラリはモジュールとパッケージで構成される

　モジュールはxxxxx.pyという1つのPythonのファイルです。パッケージはモジュールの集まりです。パッケージは__init__.pyというファイルを含むフォルダにまとまっています。
　標準モジュールとパッケージはPythonをインストールしたフォルダ配下のLibフォルダにあります（図28）。パッケージはそれぞれフォルダになっています（図29）。

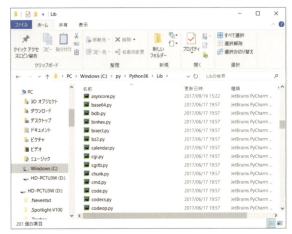

図28　Libフォルダにモジュールはある

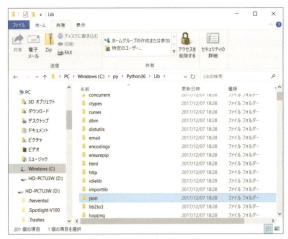

図29　パッケージはそれぞれフォルダになっている

　たとえば、jsonパッケージ（jsonフォルダ）を開いてみましょう（図30）。__init__.pyといくつかのモジュールがあります。

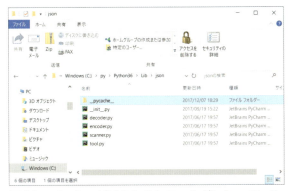

図30 パッケージはそれぞれフォルダになっている

さて、importの構文を見ていきましょう。

```
import モジュール名
```

これにより指定したモジュールを取り込みます（**コード5**）。

コード5 draw_calendar01.py

```
import calendar

cal = calendar.TextCalendar(calendar.SUNDAY)
cal.prmonth(2018, 1)
```

calendarモジュールをインポートしています。calendarモジュールには、一般的なカレンダーに関する関数があります。

calendar.TextCalendar()で引数に週の始まりの日(calendar.SUNDAY)を指定してカレンダーを生成して、prmonth()に年、月を指定してひと月分のカレンダーを出力します（**図31**）。

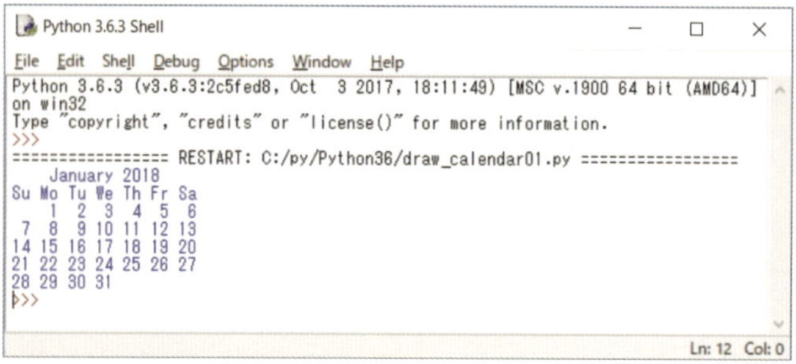

図31 ▶ 2018年1月のカレンダー

実行すると2018年1月のカレンダーを日曜始まりで出力します。

```
import モジュール名 as 別名
```

この構文は指定したモジュールを取り込み、別名を付けます(**コード6**)。

コード6 ▶ draw_calendar02.py

```
import calendar as cl

cal = cl.TextCalendar(cl.SUNDAY)
cal.prmonth(2018, 2)
```

draw_calendar01.pyと同じ処理をするプログラムですが、calendarにasで別名clを付けています。calendarというモジュール名が長いので、clで扱えるようにしているのです。また、関数名などと名前の衝突を避けるためにもasを使います。

■関数とメソッドの違い

ここで少しややこしい話をしなくてはなりません。「calendarモジュールにはカレンダーに関する関数があります」と書きましたが、prmonth()は厳密に言うと関数ではありません。prmonth()はメソッドです。

関数とメソッドの違いを説明します。これまで、値を出力するのに使ったprint()は関数です。これに対して、cal.prmonth()のように．（ドット）が付いているのはクラスのメソッドです。calendar.TextCalendar()はプレインテキストのカレンダーを生成します。calは生成されたオブジェクト（インスタンス）です。このcalをオブジェクト変数と呼びます。メソッドはクラスに用意されているものなので、クラスから生成されたオブジェクト変数がないと実行できません。一方、関数はクラスに関連していないので、いきなり、print()のように実行することができるわけです。

　クラスとオブジェクトについては後の章であらためて解説します。ここでは、そういうものがある、ということだけ覚えておいてください。

　次にfrom モジュール名 import クラス名（関数名）という書き方を説明したいのですが、その前に、calendarモジュールには複数のクラスがあることをサンプルプログラムで見てみましょう（**コード7**）。

コード7 ▶ draw_calendar03.py

```
import calendar

cal = calendar.TextCalendar(calendar.SUNDAY)
cal.prmonth(2018, 4)
hcal = calendar.HTMLCalendar(calendar.SUNDAY)
print(hcal.formatmonth(2018, 4))
```

　HTMLCalendarクラスはHTML形式のカレンダーを生成します。formatmonthメソッドに年月を引数として渡すとひと月分のカレンダーをHTMLのテーブルとして返してくれます。ここではそれをprint関数で出力しています（**図32**）。HTML形式のカレンダーではHTMLタグにはさまれて、曜日や日付が出力されています。HTMLタグではわかりにくいので、ファイルに保存してブラウザで開いて表示させてみます（**図33**）。このようにcalendarモジュールにはクラスや関数が複数あります。

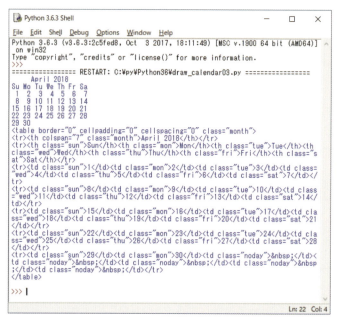

図32 ▸ 2018年4月のカレンダーをテキストとHTMLで出力

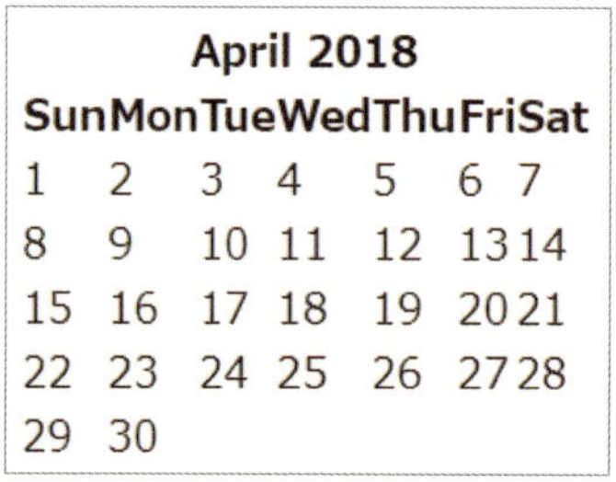

図33 ▸ 2018年4月のHTMLカレンダーをブラウザで表示

さて、本題に入りましょう。

```
from モジュール名 import クラス名(関数名)
```

この構文を使うと、モジュールから、特定のクラスや関数を取り込むことができます（**コード8**）。

コード8 ▸ draw_calendar04.py

```
from calendar import TextCalendar

cal = TextCalendar(6)
cal.prmonth(2018, 4)
```

　calendarモジュールからTextCalendarクラスだけをインポートしています。SUNDAYという定数をインポートしていないので、6で日曜日始まりを指定しています。

　実行すると、テキストのカレンダーが表示されます（図34）。

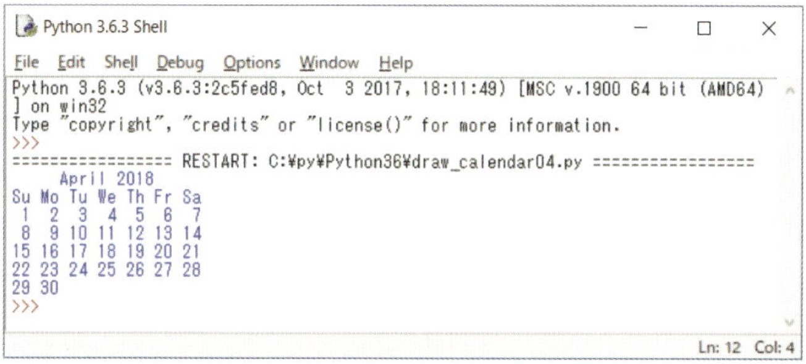

図34 ▸ テキストカレンダーが表示される

　試しに、インポートしていないHTMLCalendarクラスを使ってみるとどうなるかやってみましょう。HTMLCalendarを生成して、HTMLカレンダーを表示する処理を追加してみました。

```
from calendar import TextCalendar

cal = TextCalendar(6)
cal.prmonth(2018, 4)
hcal = HTMLCalendar(6)
print(hcal.formatmonth(2018, 4))
```

テキストカレンダーを表示した後、'HTMLCalendar' is not definedというエラーになりました（図35）。HTMLCalendarクラスをインポートしていないからですね。

図35　'HTMLCalendar' is not definedと表示される

　パッケージもモジュールと同様の構文でインポートすることができます。加えて、パッケージの場合は、次のようにして、パッケージから特定のモジュールをインポートすることができます。

```
import パッケージ名.モジュール名
```

　Pythonでは必要に応じて、パッケージやモジュールをインポートして、あるいは部分的にクラスや関数をインポートして使用します。あまり神経質になる必要はないのですが、不要なものはインポートしないようにしましょう。インポートしすぎると実行速度が遅くなることもあります。

memo

第4章 Pythonの文法

コードの書き方を学ぼう

コードに慣れてきたところで、
本章では、コードの書き方をきちんと学びましょう。
Pythonのシンプルなデータ型、特徴的なデータ構造について説明します。

データ型

　Pythonは動的型付け言語です——。本章のはじまりは、少し難しい言葉でスタートしてみました。動的型付けの型とはデータの型、つまりデータ型のことです。これまでもa = 5とかstr1 = "Hello"のようにして、変数に数値や文字列を代入していましたね。この時点で、5は整数なのでaは整数型に、Helloは文字列なので文字列型に決まります。a = 5とした後で、同じaに対し、a = 0.5と小数点以下を持つ値を代入すると、aのデータ型は浮動小数点数型に変わります。Pythonの基本データ型の例を**表1**に示します。

表1 Pythonの基本データ型の例

型の種類		内容
数値型	整数型 (int)	小数点以下を持たない数値を表現する、マイナスを付けると負の数、付けないと正の数 例) -120, -3, 0, 3, 1600, ・・・
	浮動小数点数型 (float)	小数点以下を持つ数値を表現する数値型 例) 12.234, -123.456
ブール型 (bool)		True (真) とFlase (偽) の2つの値を表現する
文字列型 (str)		1つ以上の文字の並びを表現する シングルクォートもしくはダブルクォートで囲む 例) 'Hello',"See you",'こんにちは',"またね"

このように、実行時に実際の値により変数の型が決まるプログラミング言語を、動的型付け言語と言います。動的型付け言語の反対語は静的型付け言語です。C言語やJava言語がそうです。Java言語の例を紹介します。

```
public static void main(String args[]){
    int i;
    long l;
    char c;
    double d;
    boolean b;
```

int i;が整数型の変数iの定義です。long l;は長整数型で、char c;は文字型です。文字列型ではなく、文字型です。double d;は倍精度浮動小数点数型で、boolean b;はブール型です。このように静的型付け言語では、データ型はプログラムを作った時点で決まっています。

それにしてもJava言語にはいろいろなデータ型がありますね。Javaでは代入する値の大きさによって同じ整数でもint（整数型）とlong（長整数型）を、浮動小数点数ではfloat（浮動小数点数型）とdouble（倍精度浮動小数点数型）を使い分けるのです。

それに対し、Pythonのデータ型はシンプルです。Python Shell（IDLE）を起動して、データ型について確認していきましょう（図1）。

```
>>> a = 6
>>> type(a)
<class 'int'>
>>> b = -6
>>> type(b)
<class 'int'>
>>>
```
図1　type関数でデータ型を調べる

まず、aに6を代入して、type関数の引数にaを渡しています。type関数はデータ型を戻り値として返してくれます。aはint型（整数型）です。変数bには-6を代入しました。bもint型です。

数値型には整数型と浮動小数点数型があります（図2）。整数同士の掛け算の結果は整数になりますのでcは整数型です。整数同士の割り算では、小数点以下の値になることがあります。5 / 2 の商を代入したdはfloat型（浮動小数点数型）になります。商を整数で求める//演算子を使った計算した値を代入したeは整数型です。-123.656を代入したfも、もちろん浮動小数点数型です。

```
>>> a = 5
>>> b = 2
>>> c = a * b
>>> print(c)
10
>>> type(c)
<class 'int'>
>>> d = a / b
>>> print(d)
2.5
```

```
>>> type(d)
<class 'float'>
>>> e = a // b
>>> print(e)
2
>>> type(e)
<class 'int'>
>>> f = -123.656
>>> type(f)
<class 'float'>
>>>
```

続く

図2 数値型には整数型と浮動小数点数型がある

　a = 3 + 3.1のように整数と浮動小数点数の計算結果は浮動小数点数型になります。たとえ、b = 2.3 - 0.3のように計算結果の小数点以下の数値が0になっても浮動小数点型です（図3）。

```
>>> a = 3 + 3.1
>>> type(a)
<class 'float'>
>>> b = 2.3 - 0.3
>>> type(b)
<class 'float'>
>>>
```

図3 整数型と浮動小数点数型の計算結果

　次に文字列型（str型）を見ていきましょう（図4）。Helloは文字列型です。1文字のaも、日本語の「こんにちは」もみんな文字列型です。

```
>>> str1 = "Hello"
>>> type(str1)
<class 'str'>
>>> str2 = "a"
>>> type(str2)
<class 'str'>
>>> str3 = "こんにちは"
>>> type(str3)
<class 'str'>
>>>
```

図4 文字列型の例

　文字列を囲むのにダブルクォートとシングルクォートの2つがある理由は、日本人はわかりにくいでしょう。簡単な英文を考えてみましょう。I'm fine.（だいじょうぶですよ）のように省略してシングルクォートを使うときがあります（図5）。

　文字列中でシングルクォートを使いたいときは、ダブルクォートで囲みます。シングルクォートで囲むと'I'で文字列が終わってしまい、次のm以降は文字列と見なされないからですね。SyntaxError（構文エラー）が出ています。逆に文字列中でダブルクォートを使いたいときは、シングルクォートを使います。

```
>>> str1 = "I'm fine."
>>> print(str1)
I'm fine.
>>> str2 = 'I'm fine.'
SyntaxError: invalid syntax
>>>
```

図5 文字列を囲むダブルクォートとシングルクォート

　ダブルクォートで囲んだ文字列とシングルクォートで囲んだ文字列を結合することもできます（図6）。

```
>>> str1 = "I'm fine."
>>> str2 = 'Please say "Thank you" to Jim.'
>>> str3 = str1 + str2
>>> print(str3)
I'm fine.Please say "Thank you" to Jim.
>>> type(str3)
<class 'str'>
>>>
```

図6 ダブルクォートで囲んだ文字列とシングルクォートで囲んだ文字列の結合

ブール型は真偽値を扱います。真はTrueで、偽はFalseです（**図7**）。変数b1に代入しているTrueは文字列ではなく、True（真）という値です。Pythonでは大文字と小文字は区別されますので、trueではなく、Trueと記述しなくてはいけません。偽はFalseです。

条件に応じてプログラムの実行内容を変えたいときにブール型を使います。True（真）かFalse（偽）によって処理を分けるのです。

```
>>> b1 = True
>>> type(b1)
<class 'bool'>
>>> b2 = False
>>> type(b2)
<class 'bool'>
>>> print(b1)
True
>>> print(b2)
False
>>>
```
図7 ブール型の例

キャスト（型変換）

データ型を他のデータ型に変換することをキャストと呼びます。Pythonでは組み込みの関数を使ってキャストします。

・int関数

int関数は浮動小数点数やブール値、文字列を整数に変換します（**図8**）。まず、123.34という浮動小数点数をint()で整数に変換しています。123になります。ブール型も整数に変換できます。Trueは1にFalseは0になります。

```
>>> a = int(123.34)
>>> print(a)
123
>>> type(a)
<class 'int'>
>>> b = int(True)
>>> print(b)
1
```

```
>>> type(b)
<class 'int'>
>>> c = int(False)
>>> print(c)
0
>>> type(c)
<class 'int'>
>>>
```
続く

図8 int関数で型変換の例

次に文字列型を整数型に変換してみましょう（図9）。"12345"という数字文字列をint()で整数に変換しています。aのtypeはintになっていますね。このように数字文字列は数値に変換できますが、"123gf"のように文字列に数字以外を含むとエラーが発生します。ValueErrorは適切でない値を受けとったときなどに発生します。

```
>>> a = int("12345")
>>> print(a)
12345
>>> type(a)
<class 'int'>
>>> b = int("123gf")
Traceback (most recent call last):
  File "<pyshell#3>", line 1, in <module>
    b = int("123gf")
ValueError: invalid literal for int() with base 10: '123gf'
>>> 
```
図9　文字列型を整数型に変換する例

・float関数

　float関数は整数やブール値、文字列を浮動小数点数に変換します（図10）。3をfloat()で型変換すると3.0になります。ブール値もTrueが1.0、Falseが0.0になります。

　float関数を使うと、小数点を含む数字文字列を浮動小数点数に変換することができます（図11）。

```
>>> f = float(3)
>>> type(f)
<class 'float'>
>>> print(f)
3.0
>>> f1 = float(True)
>>> type(f1)
<class 'float'>
```
```
>>> print(f1)
1.0
>>> f2 = float(False)
>>> type(f2)
<class 'float'>
>>> print(f2)
0.0
>>> 
```
続く

図10　float関数で型変換する例

```
>>> str = "123.98"
>>> f = float(str)
>>> type(f)
<class 'float'>
>>> print(f)
123.98
>>> 
```
図11　文字列をfloat関数で型変換する例

・str関数

　str関数は整数や浮動小数点数、ブール値を文字列に変換します（図12）。変換結果がシングルクォートに囲まれているので、文字列型だということがわかります。数値を文字列にして、他の文字列と結合するという使い方が一般的です。ブール値は単なる文字列になります。

```
>>> str(108)
'108'
>>> str(True)
'True'
>>> str(False)
'False'
>>> str(10.02)
'10.02'
>>>
```

図12　整数、ブール値、浮動小数点数を文字列に型変換する例

・bool関数

　bool関数は整数や浮動小数点数、文字列をブール値に変換します。どんな値でもブール値になります。0や空文字はFalse（偽）になり、それ以外はTrue（真）になります（図13）。None型のNoneもFalseになりますが、Noneについては後の章であらためて説明します。

```
>>> bool('abc')
True
>>> bool(123)
True
>>> bool(-10.5)
True
>>> bool(0)
False
>>> bool("")
False
>>>
```

図13　文字列、整数、浮動小数点数をブール値に型変換する例

■ データ構造

　前節で説明した基本的なデータ型を変数として複数使用すること、組み合わせて使用することにより、プログラムの中で比較や集計をはじめとす

る判断や計算処理が可能になります。しかしながら、単に変数を複数用意するだけでは、用途や使い勝手に限界があります。

　たとえば、学校のテストの点数です。英語、国語、数学、理科、社会のテストがあってその点数を記憶して、合計を求めたり、平均を計算したりします。生徒の1人になったつもりで、自分だけのテストの点数を計算するだけなら簡単です。

　図14のdata_struct1.pyとその実行結果を見てください。english（英語）、japanese（日本語）、math（数学）、science（理科）、social（社会）と5教科分のテストの点数を変数に代入して、合計を求めたり、平均を求めたりしています。

```
english = 90
japanese = 92
math = 76
science = 86
social = 67
sum = english + japanese + math + science + social
print(sum)
avg = sum / 5
print(avg)
```

```
Python 3.6.3 (v3.6.3:2c5fed8, Oct  3 2017, 18:11:49) [MSC v
 on win32
Type "copyright", "credits" or "license()" for more informa
>>>
================= RESTART: C:/py/Python36/data_struct1.py
411
82.2
>>>
```

図14 1人分のテスト成績処理をするプログラム（data_struct1.py）とその実行結果

　このように自分1人の一回のテストの点数を記憶して計算するだけなら、教科の数だけ変数を用意すれば十分ですね。でも、一年分のテストの成績から、各教科の平均を求めたいときはどうすればよいでしょうか？

　あるいは、自分が先生だったらどうでしょうか？　担任しているクラス全員の各教科の平均を求めたいとか、点数の合計の大きい順に並べ替えて順位を付けたいとか、多くのデータを扱わないといけなくなりますね。あるいは、もしあなたが英語の先生だったら、学年全体の英語のテストの平均と各クラスの英語の平均点を比較して、授業の仕方を見直さないといけないかもしれませんね。

　このように同じようなデータをたくさん処理したいときは、データ構造

が役に立ちます。Pythonのデータ構造は、リスト、タプル、辞書（dictionary）です（表2）。リストとタプルは他の多くのプログラミング言語では配列と呼ばれるものです。辞書（dictionary）は連想配列やハッシュテーブル、キー・バリューペアなどと呼ばれるものです。

表2 データ構造の種類

データ構造の種類／内容	コード例	結果
リスト		
角カッコ([ ])（ブラケットとも言う）で全体を囲む 各要素はカンマ(,)で区切る	data=[1,2,3,4,5]	
インデックス（番号）で要素にアクセスする 要素の書き換えができる（ミュータブル） 異なる型の要素を混在できる	print(data[2])	3
	data[2]=11	
	print(data)	[1, 2, 11, 4, 5]
	data[4]='Hello'	
	print(data)	[1, 2, 11, 4, 'Hello']
タプル		
丸カッコ(( ))で全体を囲む 各要素はコンマ(,)で区切る	data=(1,2,3,4,5)	
インデックス（番号）で要素にアクセスする 異なる型の要素を混在できる 要素の書き換えができない（イミュータブル）	print(data[2])	3
	data_mix=(1,2,'文字列',True,5)	
	print(data_mix)	(1, 2, '文字列', True, 5)
	data[2]=11	エラーになる
辞書(dictionary)		
キーと値（バリュー）の組み合わせで記録する 波かっこ{ }（ブレース）で全体を囲む 各要素はコンマ(,)で区切る	score = { "english":90, 　　　　　　"Japanese":95, 　　　　　　"math":65}	
キーで要素の値にアクセスする 要素の書き換えができる（ミュータブル） 異なる型の要素を混在できる	print(score["english"])	90
	score["math"] = 70	
	score["math"]="Good"	

リストとタプル

　リストとタプルはいずれも0個以上の要素の並びを表現します。大きな違いは、リストはリスト宣言後、プログラムの途中で要素を追加したり、変更したりできます。リストは角カッコ([ ])（ブラケットとも言います）で全体を囲みます。それに対しタプルはいったん作成したら、変更することができません。タプルは丸カッコ(( ))で全体を囲みます。

　5教科のテストの点数をリストに代入してみましょう（**コード1**）。

コード1 ▶ data_struct2.py

```
test1 = [90,92,76,86,67]
sum = test1[0] +test1[1] + test1[2] + test1[3] + test1[4]
print(sum)
avg = sum / 5
print(avg)
```

　5教科のテストの点数をリストに代入して、data_struct1.pyと同じように合計と平均を求めています。リストにすることで、5教科の点数がコンパクトに表現されていますね。

　test1 = [90,92,76,86,67] のように、リストは角カッコ([ ])でくくります。各要素（この場合はテストの点数ですが）の区切りはカンマ(,)です。要素には、インデックスでアクセスできます。インデックスは0から始まります。

　リストの特徴は、リスト作成後に値を変更できることです。たとえば、social（社会）の点数に採点ミスがあったので、後から修正するといった使い方が考えられます。

　socialの点数はリストtest1の最後の要素なので、test1[4] = 73として67点を73点に変更しています（**図15**）。

```
test1 = [90,92,76,86,67]
test1[4] = 73
sum = test1[0] +test1[1] + test1[2] + test1[3] + test1[4]
print(sum)
avg = sum / 5
print(avg)
```

図15 リストの最後の要素の値を73に変更

socialの点数変更前と変更後の実行結果が図16です。合計が6点増えて、平均も少し上がっていますね。このようにリストでは要素の書き換えができます。このように後から、変更できることをミュータブルと呼びます。

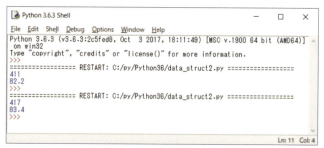

図16 socialの点数変更前と変更後の実行結果

また、リストには異なる型の要素を混在できます（図17）。例として、数学のテストを受けなかったのでリストに"欠席"という文字列型の要素を混在させるという使い方をしてみました。

```
test1 = [90,92,"欠席",86,67]
sum = test1[0] +test1[1] + test1[2] + test1[3] + test1[4]
print(sum)
avg = sum / 5
print(avg)
```

図17 文字列型を混在させた例

でも、実行すると合計を求める時点で、int（整数型）とstr（文字列型）を＋演算子で演算しようとしているのでTypeErrorになります（図18）。実用的な例ではありませんね。ダメな例です。

```
Python 3.6.3 Shell
File  Edit  Shell  Debug  Options  Window  Help
Python 3.6.3 (v3.6.3:2c5fed8, Oct  3 2017, 18:11:49) [MSC v.1900 64 bit (AMD64)]
 on win32
Type "copyright", "credits" or "license()" for more information.
>>>
================== RESTART: C:/py/Python36/data_struct2.py ==================
Traceback (most recent call last):
  File "C:/py/Python36/data_struct2.py", line 2, in <module>
    sum = test1[0] +test1[1] + test1[2] + test1[3] + test1[4]
TypeError: unsupported operand type(s) for +: 'int' and 'str'
>>> |
                                                              Ln: 9  Col: 4
```

図18 TypeErrorが発生する

次に、同じ処理でタプルを使ってみましょう（**コード2**）。

コード2 data_struct3.py

```
test1 = (90,92,76,86,67)
sum = test1[0] +test1[1] + test1[2] + test1[3] + test1[4]
print(sum)
avg = sum / 5
print(avg)
```

タプルは丸カッコ（( )）で囲みます。タプルの特徴はイミュータブルであることです。イミュータブルはミュータブルの対義語です。イミュータブルだから要素の書き換えができないのに、test1[4] = 73 のように作成後に変更しようとすると、TypeErrorが発生します（**図19**）。

```
test1 = (90,92,76,86,67)
sum = test1[0] +test1[1] + test1[2] + test1[3] + test1[4]
test1[4] = 73
print(sum)
avg = sum / 5
print(avg)
```

```
Python 3.6.3 (v3.6.3:2c5fed8, Oct  3 2017, 18:11:49) [MSC v.1900 64 bit (AMD64)]
 on win32
Type "copyright", "credits" or "license()" for more information.
>>>
================== RESTART: C:/py/Python36/data_struct3.py ==================
Traceback (most recent call last):
  File "C:/py/Python36/data_struct3.py", line 3, in <module>
    test1[4] = 73
TypeError: 'tuple' object does not support item assignment
>>> |
```

図19 途中で値を変更しようとするとTypeErrorが発生する

次は先生の立場になって考えましょう。複数の生徒の成績を管理しなくてはなりませんね。そんなときは、リストのリストやタプルのタプルを使います。他の多くのプログラミング言語では多次元配列と呼んでいるものです。たとえば、3人の5教科のテストの点数を管理するとしましょう（**コード3**）。

コード3 ● data_struct4.py

```
test1 = ((90,92,76,86,67),(89,77,56,81,79),(67,86,71,65,57))

print(test1[0])
print(test1[1])
print(test1[2])

print(test1[0][1])
print(test1[1][0])
print(test1[2][3])
```

図20のように1人分のタプルをタプルの中に入れます。2次元なので、test1[0]とインデックスを1つだけ指定すると1人目の5教科の点数の入ったタプルを返します。

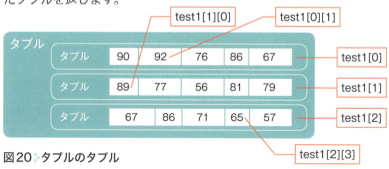

図20 ● タプルのタプル

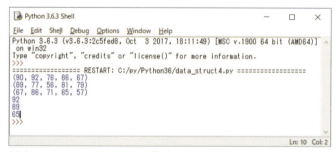

図21 ● インデックスを1つ指定するとタプルを取得する。
2つ指定するとタプルの中の要素を取得する

リストでも同様です。リストのリストを作成することができます（コード4）。

コード4 data_struct5.py

```
test1 = [[90,92,76,86,67],[89,77,56,81,79],[67,86,71,65,57]]

print(test1[0])
print(test1[1])
print(test1[2])

print(test1[0][1])
print(test1[1][0])
print(test1[2][3])
```

このようにリストのリストにしても同様の結果が得られます。

さて、リストとタプルを見てきましたが、リストがあればタプルなんて不要なんじゃないかと思われたかもしれませんね。リストはタプルに比べて便利です。でも、便利なものにはコスト（費用）が掛かるのです。プログラミングで掛かるコストとは、処理速度が遅くなるとか、メモリを多く消費するといったリソース（資源）のコストです。タプルの方がより安全でメモリの使用量も少ないので、プログラムの途中で、値を変更する必要がない場合はタプルを使いましょう。

よくプログラミングに正解はない。同じ処理を実現するのに何種類も方法があると言われるのは、このような理由にもよります。メモリをたくさん使ってもいいから、速い処理を作りたいケースがあれば、同時に実行するプログラムが多いので、少ないメモリでも確実に動くプログラムを作りたいケースもあります。処理の内容が同じでも、実行環境や優先する事柄が違うといった理由で、作成するプログラムが違ったものになることがあります。

辞書（dictionary）

辞書（dictionary）は他のプログラミング言語では、連想配列やハッシュテーブル、キー・バリューペアなどと呼ばれるものです。

キーと値のペアでデータを記憶します。英語、国語、数学、理科、社会

のテストの点数の例で考えましょう（**コード5**）。これまで使ったリストやタプルの場合、インデックスの0番目が英語で、1番目は国語、2番目は数学と覚えておく必要がありましたね。それこそ、コメントを書いておかないと、どれがどの教科の点数かわからなくなってしまいそうです。

辞書では、科目名をキーとして、点数を値としてペアで記憶することができます。見た目にわかりやすいですね。

コード5 data_struct6.py

```python
test1 = { "english":90,"japanese":92,"math":76,
          "science":86,"social":67}
print(test1["math"])
test1["math"] = 78
print(test1["math"])
```

辞書test1は各教科の点数（値）を教科の名前をキーとして記憶します。辞書は波かっこ｛｝（ブレース）で全体を囲みます。各要素はカンマ（,）で区切ります。

図22は、最初に設定した数学の点数と78点に変更後の点数を表示しています。辞書ではキーで要素の値にアクセスすることができます。辞書はミュータブルですので、要素の書き換えができます（図23）。

図22 76点だった数学の点数を78点に変更した

```
test1 = { "english":90,"japanese":92,"math":76,
          "science":86,"social":67}
print(test1["math"])
test1["math"] = '欠席'
print(test1["math"])
```

図23 76点だった数学を'欠席'に変更する

そして、辞書も異なる型の要素を混在できます。実行すると76、欠席と表示されました（図24）。

図24 実行結果は、76、'欠席'と表示される

データ構造を扱う関数とメソッド

次に、データ構造を扱う関数やメソッドを見ていきましょう。まずは、関数からです。表3に示す関数があります。

表3 データ構造を扱う関数と演算子

len関数	データ構造の要素の数を返す
sorted関数	データ構造を並び変えたコピーを返す
in演算子	データ構造にある値が含まれているか調べる

・len関数

```
test1 = [90,92,76,86,67]
print(len(test1))
```

len関数はリストやタプルの要素数を返します（図25）。リストtest1の要素数が5と返ってきます。

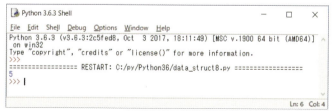

図25 実行結果は、5と表示される

```
test1 = ((90,92,76,86,67),(89,77,56,81,79),(67,86,71,65,57))
print(len(test1))
print(len(test1[0]))
```

　２次元配列を引数に渡すと外側のリストの要素数を返します。インデックスで内側のリストを１つ指定するとその要素数を返します（図26）。

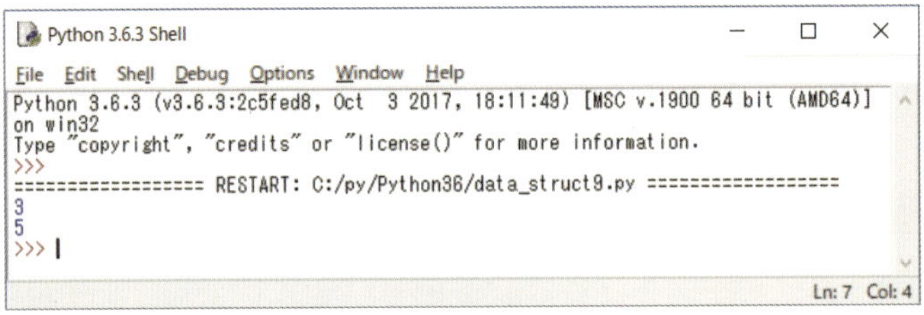

図26　実行結果は、3、5と表示される

```
test1 = { "english":90,"japanese":92,"math":76,
          "science":86,"social":67}
print(len(test1))
```

　辞書の場合は、キー・バリューペアのペア数を返します（図27）。

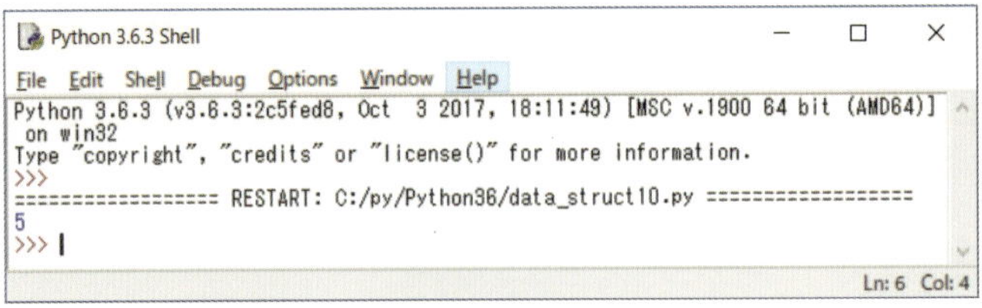

図27　実行結果は、5と表示される

・sorted関数
　sorted関数はリストやタプルを並び替えて、その結果を返します。

```
test1 = [90,92,76,86,67]
print(test1)
print(sorted(test1))
```

```
print(test1)
```

　図28に示す実行結果では、点数が昇順（小→大）に並び替えられていますが、test1そのものの順番は変わっていません。ですから、イミュータブルなタプルにもsorted関数は使えます。

```
Python 3.6.3 Shell
Python 3.6.3 (v3.6.3:2c5fed8, Oct  3 2017, 18:11:49) [MSC v.1900 64 bit (AMD64)]
on win32
Type "copyright", "credits" or "license()" for more information.
>>>
================ RESTART: C:/py/Python36/data_struct11.py ==================
[90, 92, 76, 86, 67]
[67, 76, 86, 90, 92]
[90, 92, 76, 86, 67]
>>>
```

図28　print(sorted(test1))では、点数が昇順に並び替えられている

・in演算子

　in演算子を使うと、ある値がリストやタプルに存在するかをチェックすることができます。

　in演算子は「調べる値 in リスト」と記述し存在するか否かをブール値で返します（図29）。

```
weekdays = ("Monday","Tuesday","Wednesday","Thursday","Friday")
print("Sunday" in weekdays)
print("Monday" in weekdays)
```

```
Python 3.6.3 Shell
Python 3.6.3 (v3.6.3:2c5fed8, Oct  3 2017, 18:11:49) [MSC v.1900 64 bit (AMD64)]
on win32
Type "copyright", "credits" or "license()" for more information.
>>>
================ RESTART: C:/py/Python36/data_struct12.py ==================
False
True
>>>
```

図29　Sundayはweekdaysに存在しないのでFlaseを、Mondayはweekdaysに存在するのでTrueを返す

　続いて、データ構造を扱うメソッドを見ていきます（表4）。

表4 リストのメソッド

メソッドの種類	内容
appendメソッド	リストの末尾に値を追加する
insertメソッド	リストの指定した位置に値を追加する
delステートメント（命令）	リストの特定の要素を削除する
popメソッド	リストの特定の要素を削除する
indexメソッド	リスト内で指定した値を持つ要素のインデックスを返す
sortメソッド	リストを並び変える
reverseメソッド	リストを逆順に並び変える
copyメソッド	リストをコピーする

・appendメソッド

　リストの末尾に要素を1つ追加します。

```
test1 = [90,92,76,86,67]
print(test1)
test1.append(56)
print(test1)
```

　appendした56がリストの最後に追加されています（図30）。

図30 末尾に56が追加されている

・insertメソッド

　指定した位置に要素を追加します。

```
test1 = [90,92,76,86,67]
print(test1)
test1.insert(0,56)
print(test1)
```

 insertメソッドは引数を2つ受け取ります。挿入する位置と値です。0,56と指定しているのでリストの先頭に56を追加します（**図31**）。

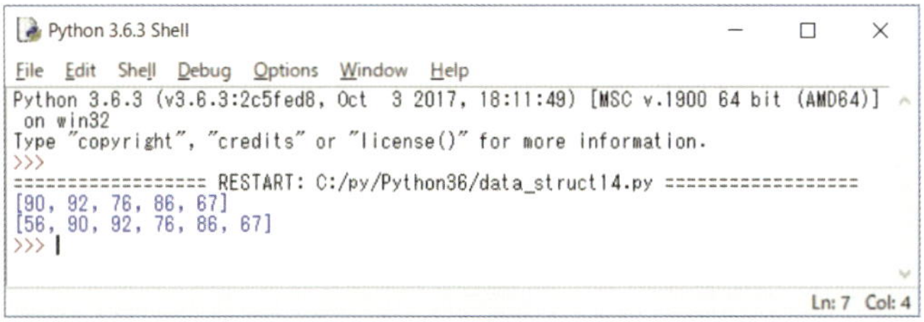

図31 ● 先頭に56が追加されている

 引数を1,56にすると、リストの2番目に56が挿入されました（**図32**）。

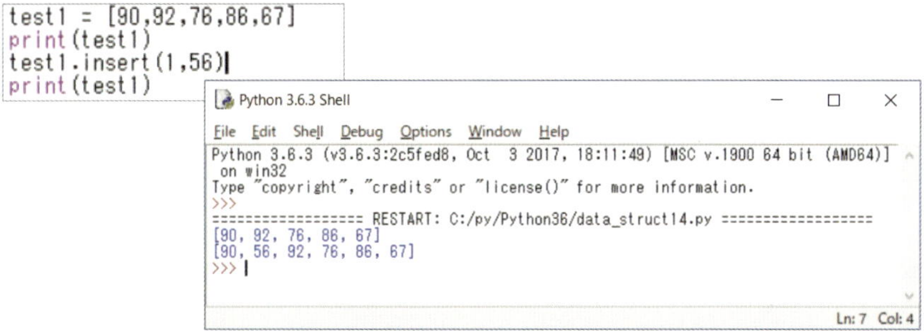

図32 ● 1,56を指定したので2番目に挿入される

・delステートメント（命令）

 リストのメソッドの表の中に入れてしまいましたが、delステートメントはメソッドではなく、Pythonの命令です。

 メソッドは、第3章で説明したように、クラスに用意されているもので、クラスから生成されたオブジェクト（この場合はリストオブジェクト）がな

いと実行できません。一方のステートメントは関数と違い、()で引数を取ることはありません。ステートメントには命令や宣言がありますが、単純に文と呼ぶこともあります。

ステートメントには基本的な命令が多く、これまで使ってきた関数定義のdefや関数が値を返すときに使うreturnが代表的です。

```
test1 = [90,92,76,86,67]
print(test1)
del test1[1]
print(test1)
```

delステートメントはインデックスを指定して要素を削除します（図33）。インデックスに1を指定したので2番目の要素が削除されます。

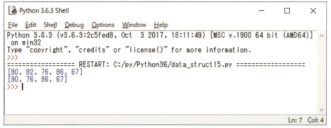

図33 インデックスに1を指定したので2番目の要素が削除される

・popメソッド

リストの要素を削除するメソッドはpopメソッドです。

```
test1 = [90,92,76,86,67]
print(test1)
test1.pop(1)
print(test1)
```

popメソッドでもdelステートメント同様にインデックスを指定して要素を削除することができます。test1.pop()のようにインデックスを指定しないと、最後の要素が削除されます（図34）。

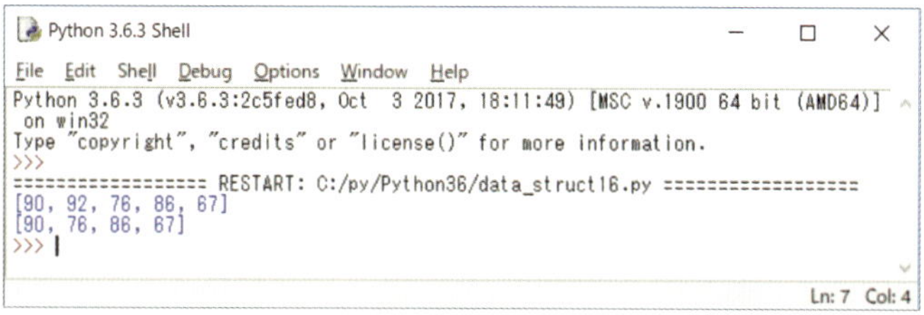

図34 インデックスに1を指定したので2番目の要素が削除される

・indexメソッド

　indexメソッドを使うと、ある値がリストの何番目に存在するかを知ることができます。

```
test1 = [90,92,76,86,67]
print(test1)
print(test1.index(92))
```

　92点をindexメソッドの引数に指定すると、インデックスとして1が返ってきました。2番目を表しています（図35）。同じ値が複数ある場合は、最初に見つかった位置を返します。

図35 92を引数にするとindexメソッドは1を返す

・sortメソッド

　リストのsortメソッドはsorted関数とは違い、リストそのものを並び替えます。

```
test1 = [90,92,76,86,67]
print(test1)
test1.sort()
print(test1)
```

　これを実行すると、リストtest1が昇順（小→大）に並び替えられます。test1.sort(reverse=True)のように引数にreverse=Trueを指定すると、降順（大→小）に並び替えられます（**図36**）。

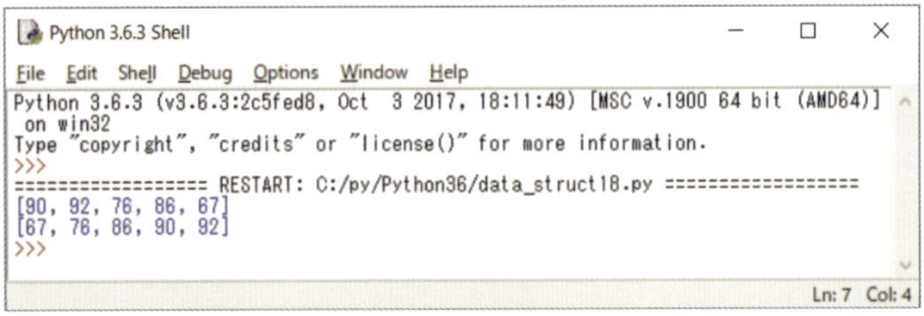

図36 ▶ リストtest1が並び替えられる

・reverseメソッド
　reverseメソッドはリストを逆順に並び替えます。

```
test1 = [90,92,76,86,67]
print(test1)
test1.reverse()
print(test1)
```

　90,92,76,86,67が67,86,76,92,90と逆順に並び替えられます（**図37**）。

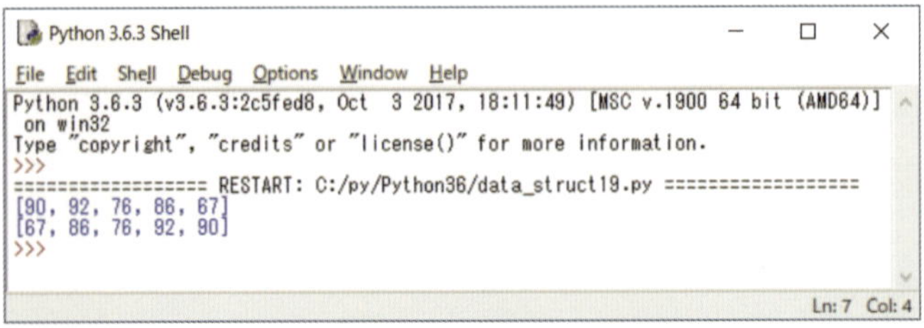

図37 ▶ リストtest1が逆順に並び替えられる

・copyメソッド

　copyメソッドを使うとリストをコピーすることができるのですが、先にcopyメソッドを使わないで、リストを他の変数に代入すると、どうなるか見てみましょう。

```
data1 = [1,2,3]
data2 = data1
data2[1] = 10
print(data1)
print(data2)
```

　data1に作成したリストをdata2に代入して、data2[1]の要素を10に変更しています。

　その後、data1とdata2を表示しています（図38）。data2[1]、つまりdata2の2番目の要素を10にしただけなのに、data1の2番目の要素も10に変更されました。これはどういうことでしょうか。

図38　data2[1]の要素を10に変更後のdata1とdata2

　data2 = data1としたときに新しいリストがどこかに作成されたわけではなく、変数data2は変数data1と同じ場所にあるリストを見に行くようになったのです。この「見に行くこと」を参照と呼びます。

　Pythonではid関数を使って、オブジェクトのID（識別値）を調べることができます。この場合のオブジェクトはリストです。変数名を引数にid()関数を実行すると参照しているオブジェクトのIDを取得できます。

　id関数を使って確かめてみましょう。data1とdata2のIDを表示する

ようにコードを追加してみます（図39）。同じIDが表示されました。変数data1とdata2は同じリストを参照していることがわかります。

```
data1 = [1,2,3]
data2 = data1
data2[1] = 10
print(data1)
print(data2)

print(id(data1))
print(id(data2))
```

図39 data1とdata2のIDを表示するようにコードを追加すると、同じIDが表示される

```
Python 3.6.4 (v3.6.4:d48eceb, Dec 19 2017, 06:54:40) [MSC v.1900 64 bit (AMD64)] on win32
Type "copyright", "credits" or "license()" for more information.
>>> 
================= RESTART: C:¥py¥Python36¥data_struct20.py =================
[1, 10, 3]
[1, 10, 3]
1281114123464
1281114123464
>>> 
```

copyメソッドを使うとどうなるか、実際に試してみましょう。

```
data1 = [1,2,3]
data2 = data1.copy()
data2[1] = 10
print(data1)
print(data2)
print(id(data1))
print(id(data2))
```

　data2 = data1.copy()とリストのcopyメソッドでリストをコピーしています。実行結果が図40です。data2[1] = 10によって変更されたのは、data2の2番目の要素だけです。id関数の出力結果からも、2つの変数は別のリストを参照していることがわかります。リストがコピーされたわけですね。

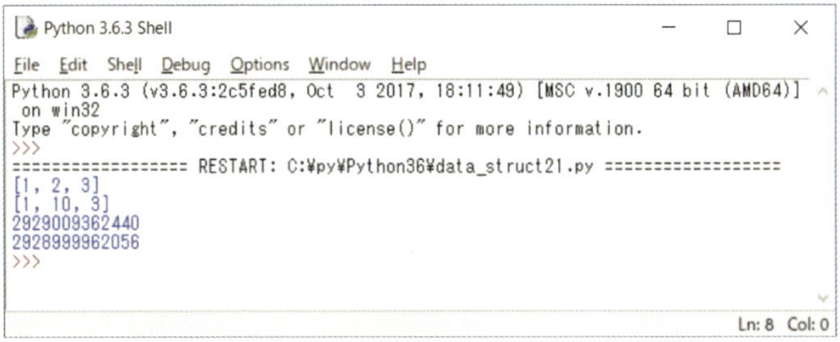
Python 3.6.3 Shell
File Edit Shell Debug Options Window Help
Python 3.6.3 (v3.6.3:2c5fed8, Oct 3 2017, 18:11:49) [MSC v.1900 64 bit (AMD64)] on win32
Type "copyright", "credits" or "license()" for more information.
>>>
================== RESTART: C:¥py¥Python36¥data_struct21.py ==================
[1, 2, 3]
[1, 10, 3]
2929009362440
2928999962056
>>>
Ln: 8 Col: 0

図40 data2[1]だけが変更される

リストやタプルの力はforやwhileなどの制御文と一緒に使用して発揮されます。次章で制御文とともに使ってみましょう。

第5章 初めての制御文

簡単なゲームを作ろう

本章では制御文を学びます。
そろそろお勉強にも飽きてくるころでしょうから、
学んだことを生かして簡単なゲームを作ってみましょう。

制御文

　これまでのプログラムは、たとえばdata_struct14.py（**コード1**）のように変数test1にリストを代入して、print関数で表示、そのあとリストの先頭に56を挿入して、またprint関数で表示しています。このように順番に処理を実行することをプログラミングの用語で「順次実行」と呼びます。

コード1 data_struct14.py（再掲）

```
test1 = [90,92,76,86,67]
print(test1)
test1.insert(0,56)
print(test1)
```

　しかし、順番に実行するだけでは、プログラムを作るのがとても大変です。たとえば、変数aと変数bを100回足し算したいときに、順次実行しか方法がないと、次のようにして a = a + b を100回記述しないといけません。そんなときに「繰り返し」というプログラム構造を使います。

```
a = a + b
a = a + b
a = a + b
a = a + b
```

・
・　（合計100回繰り返す）
・

　また、数学のテストの点数が80点以上の生徒の成績表には◎を付けて、60点以上の生徒には〇を、60点未満の生徒には×を付けるには、「条件分岐」というプログラムの構造を使います。
　この「条件分岐」や「繰り返し」をするのが制御文です。

if文による条件分岐

　条件分岐とは、横断歩道の前で、青信号なら渡る、赤信号なら止まる、黄色点滅なら注意しながら渡るというように、条件により動作を変える構造です。条件分岐にはif文を使います（図1）。

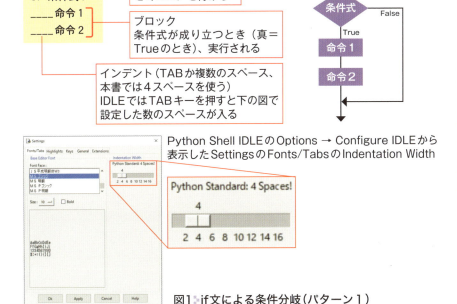

図1 if文による条件分岐（パターン1）

　一番、単純なif文による条件分岐は、条件式が成り立つ（真＝True）ときに「〜する」です。条件式の末尾にはコロンを必ず記述します。コロン以降

のインデントされている部分がブロックで、条件式が真のときに、このブロックが実行されます (**コード2**)。

コード2 control_01.py

```
a = True
if a:
    print("Block start")
    print("===========")
    print("Block end")
print("out of Block")
```

ブール型の変数aの値はTrueなので、インデントされたブロックが実行されます。具体的には、ifブロックに書かれているprintが実行されます (**図2**)。print("out of Block")はインデントされておらず、ブロックの外ですから、aの値に関係なく実行されます。

図2 ifブロックが実行される

では、aの値をFalseに変更して実行してみます。

```
a = False
if a:
    print("Block start")
    print("===========")
    print("Block end")
print("out of Block")
```

図3のように、out of Blockだけが表示されています。繰り返しになりますが、ほかのプログラミング言語だと「{」でブロックの始まり、「}」でブ

ロックの終わりを示したりすることがありますが、Pythonではインデントされている部分がひとかたまりの処理単位であるブロックになります。

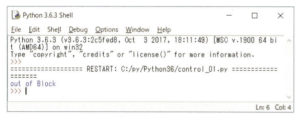

図3 ▶ out of Blockだけが表示される

次に60点以上ならgoodを付け、60点未満ならbadを付ける条件分岐を見ていきましょう。条件式が成り立つときとそうでないときで処理を分けるにはif : else:構文を使います（**図4**）。

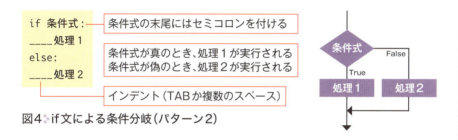

図4 ▶ if文による条件分岐（パターン2）

if 条件式:以降が、条件式が成り立つときに実行するブロックで、else:以降が条件式が成り立たなかったときに実行するブロックです。elseの末尾にもコロンが必要です（**コード3**）。

コード3 ▶ control_02.py

```python
math = 67
if math >= 60:
    print("True block start")
    print("good!")
    print("True block end")
else:
    print("Flase block start")
    print("bad!")
    print("Flase block end")
```

まず変数mathに点数67を代入します。次にmathが60以上かをif文で判断しています。
　>=は以上を表す比較演算子です。>（より大きい）と＝（等しい）の組み合わせで、以上を意味します。
　このように比較に使う演算子を比較演算子と呼びます。比較演算子は二つの値を比較して、ブール値（TrueかFalse）を返します（**表1**）。

表1 比較演算子。ブール値（True もしくは、False）を返す

比較演算子の種類	内容
x == y	xとyが等しいときにTrueを返す
x != y	xとyが等しくないときにTrueを返す
x < y	xがyより小さいときにTrueを返す
x <= y	xがy以下のときにTrueを返す
x > y	xがyより大きいときにTrueを返す
x >= y	xがy以上のときにTrueを返す

　このプログラムを実行すると、mathの値が67なので、条件式が成り立った場合の処理が実行され、good!と表示されます（**図5**）。

図5 条件式が成り立った場合の処理が実行される

```
math = 50
if math >= 60:
    ・
    ・
    ・
```

もちろん、先に示すように、mathの値を60未満にすれば、条件式が成り立たなかった場合の処理が実行されて、bad!と表示されます（図6）。

```
Flase block start
bad!
Flase block end
```

図6 条件式が成り立たなかった場合の処理が実行される

また、control_02.pyは、比較演算子を<（より小さい）に変えて、control_03.pyのように書くこともできます（**コード4**）。

コード4 control_03.py

```python
math = 90
if math < 60:
    print("True block start")
    print("bad!")
    print("True block end")
else:
    print("Flase block start")
    print("good!")
    print("Flase block end")
```

mathの値が60未満だったら、badと表示して、それ以外の場合はgoodと表示します。control_02.pyと比べると、条件が上下で入れ替わっているわけです。

今度は、90点以上ならexcellent、60点以上ならgood、60点未満ならbadと表示する条件分岐を見ていきましょう。

if : elif : else:構文を使うと、if文の条件式に当てはまらない場合に、新しい条件式を追加して評価することができます（図7）。

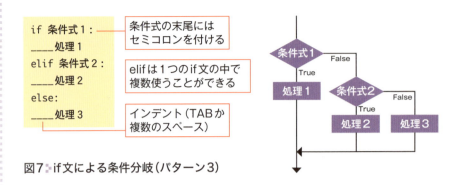

図7 if文による条件分岐（パターン3）

コード5 control_04.py

```
math = 95
if math >= 90:
    print("excellent!")
elif math >= 60:
    print("good!")
else:
    print("bad!")
```

実行例が図8です。

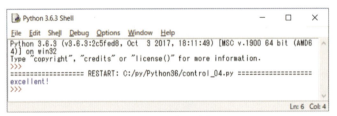

図8 95点なのでexcellent!と表示される

　この例ではelif文は1つですが、1つのif文の中で複数使用することができます。また、必ずしもif：elif：構文にelse：は必要ではありません。ですから、control_04.pyと同じ処理を次のように記述することもできます（コード6）。

コード6 ▸ control_05.py

```python
math = 95
if math >= 90:
    print("excellent!")
elif math >= 60:
    print("good!")
elif math >= 0 :
    print("bad!")
```

　でも、本来はelse:を記述して、条件の漏れが発生しないようにした方がよいプログラムだと言えるでしょう。

　比較演算子とif文を使えば、2つの値を比較して、比較結果により処理を分岐することができますが、複数の値の評価を組み合わせたいときは、論理演算子を使います（**図9**）。

論理演算子の種類	内容		
x and y	xとyの論理積：xとyのどちらもTrueならTrueを返す	論理積のベン図	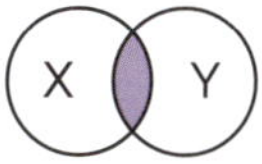
x or y	xとyの論理和：xとyのどちらかがTrueならTrueを返す	論理和のベン図	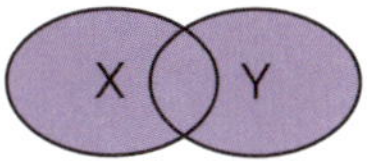
not x	xの否定：xがTrueならFalseを、FlaseならTrueを返す	否定のベン図	

図9 ▸ 論理演算子とその範囲

　たとえば、数学の点数が80点以上で、かつ、英語の点数が80点以上のときは☆印を付けるといった処理です（**コード7**）。

コード7 control_06.py

```python
math = 95
english = 83
if math >= 80 and english >= 80:
    print("☆")
elif math >= 60 and english >= 60:
    print("good!")
else:
    print("bad!")
```

　math >= 80 and english >= 80で、math >= 80とenglish >= 80の2つの条件式の論理積をとっています。つまり両方の式がTrueのときに、このif文はTrueになります（図10）。

図10 ☆が表示される

　ここでは使用していませんが、orは論理和です。2つの条件式のうち、いずれかがTrueなら、Trueになります。notは条件を反転させます。ベン図を参照してください。

三項演算子

　if文には、その条件が多くなると、コードが長く、見にくくなるという欠点があります。三項演算子を使うとif：else:文と比較演算子を1行で記述することができます（コード8）。

コード8 control_07.py

```
math = 76
str = "good!" if math >= 60  else "bad!"
print(str)
```

この三項演算子はmathの値が60以上のときにgood!を変数strに代入し（図11）、そうでないときはbad!を代入します。

図11 mathの値が60以上のときはgood!と表示される

三項演算子は次のような順序で記述します。

変数 = 条件が真のときの値 if 条件式 else 条件が偽のときの値

三項演算子をうまく使うことで、簡潔なプログラミングができます。

while文による繰り返し

繰り返しをする制御文にはwhile文があります（図12）。繰り返しのことをループ（loop）処理とも言います。while文では条件式が成り立っている間、ブロックの処理を繰り返します。

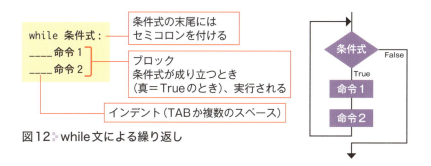

図12 while文による繰り返し

具体例を見てみましょう（**コード9**）。

コード9 loop_01.py

```
i = 0
while i < 5:
    print(i)
    i += 1
print("loop end:" + str(i))
```

変数iに0を代入してから、while文の条件にi < 5、つまりiが5より小さい間を指定しています。while文の条件式の末尾にもコロンを付けます。インデントしたブロックの中で、iの値を表示して、iに1を加算しています。whileループを抜けたら、loop end:という文字列にstr関数で文字列化したiを連結して表示しています（**図13**）。

実行結果を見ると、whileループの中でiが1ずつ加算されて、ループの抜けたときには5になっていることがわかります。

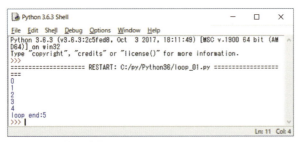

図13 iの値が変化する

このようにある条件が成り立つ間、処理を繰り返すためにwhile文を使います。さて、loop_01.pyでwhileブロックの中で、i += 1をしないとどうなるか試してみましょう。

```
i = 0
while i < 5:
    print(i)
    #i += 1
```

```
print("loop end:" + str(i))
```

#i += 1と変更し、i += 1の行をコメントにして試してみましょう。

while文の条件式に指定したiの値が0のまま変化しないので、永遠にwhileループから抜け出すことができず、ずっと0を出力し続けてしまいます。これを無限ループと言います。Python Shellの場合はShellメニューから、Restart Shellを選んで、シェルをリスタートさせることができるので問題ありませんが（**図14**）、実際に使うプログラムでは誤って無限ループを作ってしまわないよう気を付けなくてはいけません。

図14 iの値が変化しないので0を出力し続けるので、シェルをリスタートする

逆に無限ループが必要になるときもあります。多いのはキーボードからあるキーが押されるのを待つといった処理です。そういうときはwhileの条件式にTrueを記述して無限ループを作ります（**コード10**）。

コード10 loop_02.py

```
j = 1
while True:
    print(j)
    if j % 7 == 0:
        break
    j += 1
print("loop exit" + str(j))
```

この例では、キー入力を受け付ける代わりに、jが7で割り切れるときに、break文でwhileループを抜け出しています。

for～in文でリストやタプルの要素を繰り返し処理する

for ～ in文を使うと、第4章で説明したリストやタプルを簡単に扱うことができます（図15）。

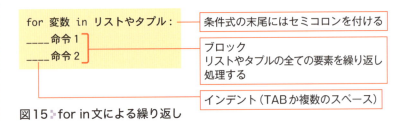

図15 for in文による繰り返し

for ～ in文では、リストやタプルに含まれている要素の数やインデックス（番号）を意識することなく、リストやタプルの全ての要素を変数に取り出して順番に処理することができます（コード11）。

コード11 loop_03.py

```
test1 = [90,92,76,86,67]
sum = 0
for score in test1:
    sum += score
print(sum)
print(sum / len(test1))
```

第4章で示した5教科のテストの点数の合計と平均を表示するプログラムでは、for ～ in文を使うと簡単に合計が計算できますね。リストtest1の各要素を変数scoreに取り出し、変数sumに加算しています。len関数はリストの要素数を返すので、sumを割ることで平均が求まります（図16）。

```
                      Python 3.6.3 Shell                                  —    □    ×
                      File Edit Shell Debug Options Window Help
                      Python 3.6.3 (v3.6.3:2c5fed8, Oct  3 2017, 18:11:49) [MSC v.1900 64 bit (AMD64)]
                      on win32
                      Type "copyright", "credits" or "license()" for more information.
                      >>>
                      ====================== RESTART: C:/py/Python36/loop_03.py ======================
                      411
                      82.2
                      >>>
                                                                                            Ln: 7 Col: 4
```

図16 ● 実行結果は、合計と平均を出力する

文字列のformatメソッドを使う

　forループの説明から少し離れますが、文字列のformatメソッドを使って、合計と平均をもう少し見やすく表示してみましょう。

```
test1 = [90,92,76,86,67]
sum = 0
for score in test1:
    sum += score
print("sum:{0}  avg:{1}".format(sum,sum / len(test1)))
```

　formatメソッドを使うと、文字列中の波括弧 { } の中に、formatの引数に指定した値を埋め込んで表示することができます。{ } 内の番号はformatメソッドの引数の番号です。この例のように、順序通りに出力するときは以下のように省略できます。実行結果を図17に示します[注1]。

```
print("sum:{}  avg:{}".format(sum,sum / len(test1)))
```

```
                      Python 3.6.3 Shell                                  —    □    ×
                      File Edit Shell Debug Options Window Help
                      Python 3.6.3 (v3.6.3:2c5fed8, Oct  3 2017, 18:11:49) [MSC v.1900 64 bit (AMD64)] o
                      n win32
                      Type "copyright", "credits" or "license()" for more information.
                      >>>
                      ====================== RESTART: C:/py/Python36/loop_03.py ======================
                      sum:411  avg:82.2
                      >>>
                                                                                            Ln: 6 Col: 4
```

図17 ● 合計と平均を一行に出力する

注1：ここでは、for 〜 in文を紹介するために、ループの中で変数sumにリストから取り出した数値の合計を求める処理を説明しましたが、Pythonではsum関数を使って、sum(test1) のようにリストの合計を求めることもできます。

for〜in文はリストやタプル以外にも利用できます。たとえば、文字の繰り返しである文字列にも使えます（**コード12**）。forブロックの中でifブロックを使っているので、当然ですが、インデントが深くなっていきます。

コード12 loop_04.py

```python
count = 0
for char in 'Hello Python':
    if char == 'h' or char == 'H':
        count += 1
print(count)
```

loop_04.pyはHello Pythonという文字列に含まれるH（もしくはh）の数を数えます。文字列Hello Pythonから変数charに1文字ずつ取り出して、大文字のH、もしくは小文字のhだったらcountに1を足しています。実行例が図18です。

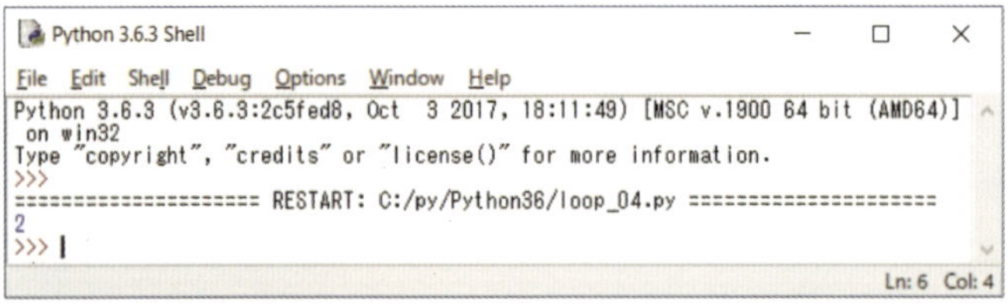

図18 2が求まった

if文の中で、論理演算子orを使う例を紹介したかったので、char == 'h' or char == 'H'という書き方をしましたが、大文字小文字を区別しないのであれば、文字列のlowerメソッドを使って、小文字にしてから、比較する次の書き方の方がスッキリするでしょう（**コード13**）。

コード13 loop_05.py

```python
count = 0
for char in 'Hello Python':
    if char.lower() == 'h':
        count += 1
print(count)
```

文字列のlowerメソッドは大文字を小文字に変換します。逆に小文字を大文字に変換するにはupperメソッドを使います。

range関数を使った繰り返し

　range関数とともにfor in文を使うと柔軟に回数を指定してforループを実行することができます。range関数は指定した条件に従ってリストを作成して、返します（図19）。

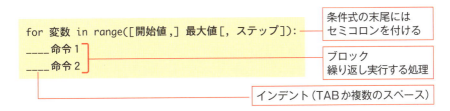

図19 for in文とrange関数を使った繰り返し

・range関数に最大値だけを指定した場合

```
for i in range(5):
    print(i)
```

　最大値だけを指定したときは、0から1ずつ増加し、最大値（を含まない）までforブロックを実行します（図20）。

図20 0,1,2,3,4と出力される

・range関数に開始値と最大値を指定した場合

```
for i in range(2,5):
    print(i)
```

開始値（含む）から1ずつ増加し、最大値（を含まない）までforブロックを実行します（図21）。

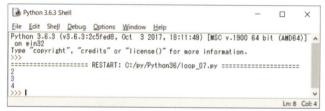

図21 ▶ 2,3,4と出力される

・range関数に開始値と最大値、ステップを指定した場合

```
for i in range(2,10,2):
    print(i)
```

開始値（含む）からステップずつ増加し、最大値（を含まない）までforブロックを実行します（図22）。

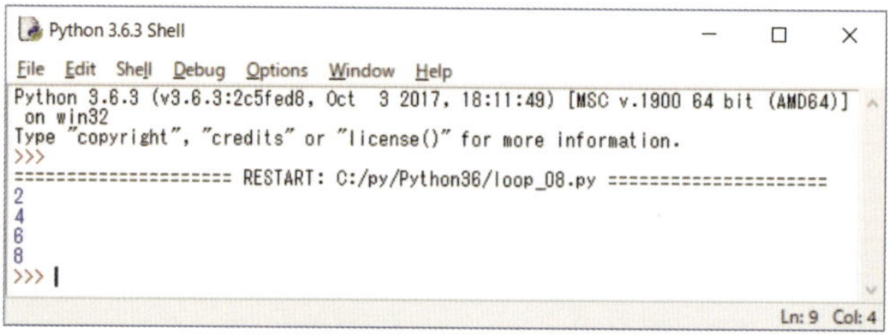

図22 ▶ 2,4,6,8と出力される

単に決まった回数分だけforループを繰り返したいという目的で、ループカウンタである変数を利用する必要がなければ、以下のようにアンダースコアを指定して変数を読み飛ばすこともできます。実行例が図23です。

```
for _ in range(5):
    print("＊＊＊＊＊")
```

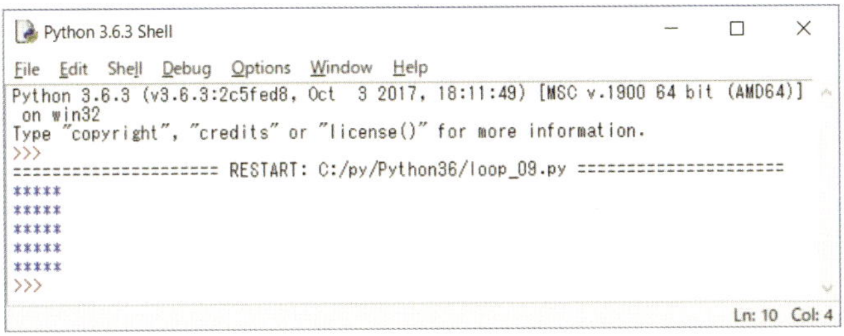

図23 "＊＊＊＊＊"を5回出力する

■ High and Low ゲームを作る

　それでは、これまで勉強した制御文を使ってHigh and Low ゲームを作ってみましょう。そして、High and Low ゲームを作りながら、Pythonプログラムの一般的な書き方、形式を覚えましょう。
　High and Low ゲームはトランプを使った遊びをプログラムで実現するものです。手順は以下の通りです。

・コンピュータがカードを表向きに一枚出します（わかるように表示するという意味です）。
　カードの数字は1から13です。乱数を使って1から13の間の任意の値が出るようにします。乱数とは、ランダムに発生する数値です。サイコロを振るように次にどんな値が出てくるかわかりません。乱数は偶然性の必要なゲームの作成に欠かせない機能です。

・コンピュータがもう一枚カードを裏向きに（わからないように）出します。
　カードの数字は1から13です。これも乱数を使って出します。

・プレイヤー（あなたです）が裏向きカードが表向きのカードより大きい(High) か小さい(Low) かを当てます。

- 当たったら（Hit）、プレイヤーに1ポイント加算、はずれたら（Miss）、コンピュータに1ポイント加算します。
- 同じ場合（even）は0ポイント、5ポイント先取でWin!（勝利）です。

それではプログラムを作っていきましょう。これまでPythonの文法の細かい点については説明してきましたが、プログラムをどんな風に作っていくのか、言い換えると何をどんな順番で書いていくのかについてはまだ説明していなかったですね。それでは、作り方を見ていきましょう。

1つのファイル（モジュールと言います）にプログラムを記述するという基本的な例を図24に示します。

```
import モジュール名
初期化コード
グローバル変数の宣言
関数定義、クラス定義

def main():
    メインルーチン

if __name__ == '__main__':
    main()
```

図24 ● Pythonプログラムの基本的な構造

まず、import文で利用するモジュールをインポートします。次に、プログラムの実行準備として、必要な初期化を行います。初期化とは、目的の処理の実行前に、変数に初期値を与えたり、クラスから生成したオブジェクトに備わっている初期化メソッドを呼び出して、目的の処理の開始の準備をすることです。

また、グローバル変数が必要なことがわかっている場合は宣言します。

続けて、プログラムの中で利用する関数や次の章で説明するクラスを定義します。それから、def main():でmain関数を定義します。関数はmain関数にしても他の関数にしても定義しただけでは実行されません。実行す

るにはmain()のように関数を呼び出してやる必要があります。

その前のif __name__ == '__main__':がわかりにくいですね。Pythonのモジュールには__name__という変数があります。このモジュールをスクリプトとして実行した場合、つまり、直接実行した場合は__name__には__main__が代入されます。

まだ、わかりにくいですね。直接実行した場合とは、これまで見てきたようにPython Shellから、Run→Run Moduleとしてスクリプトを実行した場合です。Pythonのように事前に機械語に翻訳しないで実行できるプログラムのことをスクリプトと呼びます。

そうでない場合とは、他のモジュールからインポートされる場合です。簡単な例で見ていきましょう（**コード13**）。

コード13 ▶ sub_sample.py

```
def sub(x, y):
    return x - y

def main():
    print(sub(5, 2))

if __name__ == '__main__':
    main()
```

このモジュールでは、引き算をするsub関数とmain関数を定義しています。そして、__name__が'__main__'のとき、つまり直接実行されたときにmain関数を呼び出します。main関数では5,2を引数にsub関数を呼び出すので、3が出力されます（**図25**）。

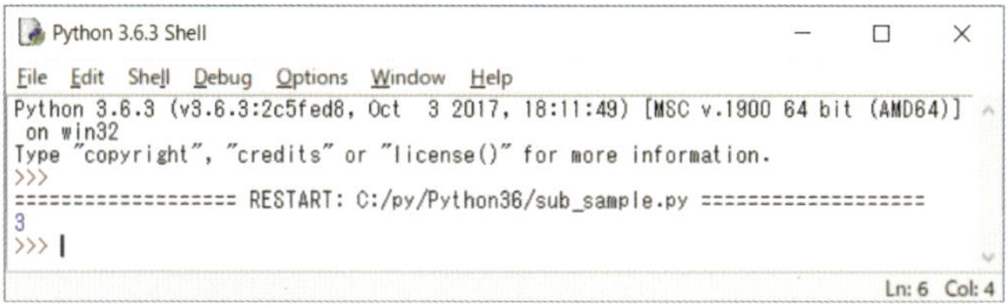

図25 ▶ 直接実行すると、3を出力

次に、このsub_sample.pyがモジュールとしてインポートされる場合を見ていきましょう（**コード14**）。

コード14 ▸ use_sub.py

```
import sub_sample

print(sub_sample.sub(10, 2))
```

sub_sampleをインポートして、その中のsub関数に10と2を渡して実行しています。すると、8だけが出力されますので（**図26**）、sub_sample.pyのmain関数は呼び出されていないことがわかります。インポートされた場合、変数__name_の値は__main_ではないのですね。

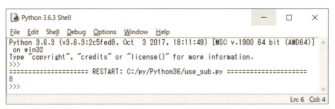

図26 ▸ 8を出力する

では、インポートされたとき、__name_にはどんな値がセットされているのでしょうか？ **コード15**を見てください。

コード15 ▸ sub_sample.py

```
def sub(x, y):
    return x - y

def main():
    print(sub(5, 2))

if __name__ == '__main__':
    main()
print(__name__)
```

sub_sample.pyにprint(__name__)を追加して、sub_sample.pyではなく、use_sub.pyを実行します。すると、sub_sampleとモジュール名が表示されました（図27）。このようにモジュール名が設定されるのですね。

```
Python 3.6.3 Shell
File Edit Shell Debug Options Window Help
Python 3.6.3 (v3.6.3:2c5fed8, Oct  3 2017, 18:11:49) [MSC v.1900 64 bit (AMD64)]
 on win32
Type "copyright", "credits" or "license()" for more information.
>>>
==================== RESTART: C:/py/Python36/use_sub.py ====================
sub_sample
8
>>>
```

図27 ● sub_sampleと出力される

それでは、High and Low ゲームのプログラムであるhigh_and_low.pyを見ていきましょう（コード16）。

コード16 ● high_and_low.py

```
from random import randint───────────────────────────────────❶

def get_answer():
    while True:──────────────────────────────────────────────❷
        ans = input("High(H) or Low(L) >")
        if ans.upper() == "H" or ans.upper() ==  "L":
            break
    return ans.upper()

def main():──────────────────────────────────────────────────❸
    player_count = 0
    computer_count = 0
    while player_count < 5 and computer_count < 5:───────────❹
        player_number = randint(1,13)────────────────────────❺
        print ("Your number:{}".format(player_number))
        computer_number = randint(1,13)
        print ("Computer number:?")
        answer = get_answer()
        balance = computer_number - player_number
        if balance == 0:─────────────────────────────────────❻
            print("even")
```

```
        elif balance > 0 and answer == "H":
            print("Hit!")
            player_count += 1
        elif balance < 0 and answer == "L":
            print("Hit!")
            player_count += 1
        else:
            print("Miss!")
            computer_count += 1
        print("Computer number:{}".format(computer_number))―❼
        print("Next>>")

    if player_count == 5:――――――――――――――――――――❽
        print("You Win!")
    else:
        print("You Lose!")

if __name__ == '__main__':―――――――――――――――――❾
    main()
```

　Pythonプログラムの基本的な形式になっているところから確認しましょう。

　まず、from random import randintでrandomモジュールからrandint関数をインポートします❶。randint関数は2つの引数で指定した範囲の整数を乱数として返します。randint(1,13)とすると1以上、13以下の乱数を返します❺。

　get_answer関数の役割はH(igh)かL(ow)をキーボードから入力してもらうことです。while True:で無限ループを作っています❷。input関数は引数に指定した文字列を表示し、入力を受け付けます。入力された文字をans.upper()で大文字にして、"H"か"L"に一致するときにbreakで無限ループを脱出します。そして、returnで"H"か"L"を返します。

　main関数の処理を順に見ていきましょう。まず、player_countとcomputer_countを宣言して両方とも0にしています。プレイヤー（あなた）かコンピュータが5回当たったら、ゲームを終わりにします。そのため

にwhile文の条件式にplayer_countが5より小さく、かつ、computer_countが5より小さいを指定しています❹。

randint(1,13)が返す乱数を変数player_numberに入れ、print関数で表示します。computer_numberに生成した乱数は表示しません。get_answer関数を呼び出して、computer_numberがplayer_numberよりもH(igh)かL(ow)かをプレイヤーに推測してもらいます。HかLが変数answerに入ります。変数balanceにcomputer_numberからplayer_numberを引いた値を入れます。

そして、if：elif：else:文で推測した答えが当たっているかどうかを判断します❻。balanceが0のときはcomputer_numberとplayer_numberが同じ値ですから、evenと表示します。balanceが0より大きく、Hとキー入力したときは当たりですから、Hit!と表示しplayer_countに1を加算します。balanceが0より小さく、Lとキー入力したときも当たりですから、同様な処理をします。

それ以外(else:)は、はずれですのでMissと表示してcomputer_countに1を加算します。

if文による評価が終わったら、Computer numberと「Next>>」という文字列を表示します❼。

そして、whileループにより次の問題の出力に進みます(図28)。

図28 ▸ 2問目まで表示された

player_countかcomputer_countが5になるとwhileループを抜けるわけですが、if文でplayer_countが5なら、You Win!と表示しています❽(図

29)。そうでない場合は、You Lose!と表示しています。

図29 ▸ You Win!と表示された

　そして、このモジュールも直接実行されたときだけ、main関数を実行するように __name__ が「__main__」と一致するかをif文で聞いています❾。

　逆に言うと、このモジュールはget_answer関数を使いたいといった理由で、他のモジュールからインポートされることを想定しているわけです。

memo

第6章 オブジェクト指向

大切な概念を学ぼう

本章で学ぶオブジェクト指向の考え方では、プログラム中に登場するモノをオブジェクトとして扱います。オブジェクトはクラスから生成され、プロパティ（性質）とメソッド（動作）を持ちます。

■ オブジェクト指向プログラミングの基礎

　現在使われているプログラミング言語の多くは、オブジェクト指向プログラミング言語です。Java、JavaScript、C++、C#をはじめ、まつもとゆきひろさんが作成されたRubyもそうです。MacやiOS用のプログラミング言語であるObjective-CやSwiftも、もろろんオブジェクト指向ですし、プログラマでない人にとって少し身近なVisual BasicやVisual Basic for Applicationといった言語もオブジェクト指向言語です。

　オブジェクト指向の考え方を全て理解して、オブジェクト指向らしいプログラミングを書こうと最初から意気込みすぎると、抽象的で難解なプログラムになりがちです。本書では、オブジェクト指向の基本を理解することと、オブジェクト指向の便利なところを使ってみることを目標とします。

　まずは概要を説明します。難しいかもしれませんが、まずは読み通してください。後述する具体例を見ながら、読み返すといいでしょう。

　オブジェクト指向プログラミングでは、クラスからインスタンス（実体）を生成します。このインスタンスのことをオブジェクトと呼ぶことがあります。これは狭義のオブジェクトです。オブジェクトはプロパティ（性質）とメソッド（動作）を持ちます。

　一方、「オブジェクト指向」というときのオブジェクトは、クラスやインスタンスを含む広義のオブジェクトです。

クラスからオブジェクト（インスタンス）を生成するとは、どんなイメージかと言うと、3Dプリンタに与える3DモデルデータがクラスでT、出力されたものがオブジェクト（インスタンス）です。あるいは、ロボットの設計図（クラス）に従ってロボット（オブジェクト）を作るようなものです。

　オブジェクト指向プログラミングには2つの段階があります。第一段階は、言語に用意されているクラスからオブジェクト（インスタンス）を生成して使う段階です。これはもう読者のみなさんは経験済みです。

　第5章のサンプルプログラムでは、次のように、"sum:{0} avg:{1}"という文字列が持つ.formatメソッドを使ってみました。

```
test1 = [90,92,76,86,67]
sum = 0
for score in test1:
    sum += score
print("sum:{0} avg:{1}".format(sum,sum / len(test1)))
```

　第4章では主にリストのメソッドを使いました。

```
test1 = [90,92,76,86,67]
print(test1)
test1.append(56)
print(test1)
```

　リストのappendメソッドは、リストの末尾に要素を追加します。

```
test1 = [90,92,76,86,67]
print(test1)
test1.insert(0,56)
print(test1)
```

　リストのinsertメソッドは、リストの指定した位置に要素を追加します。オブジェクト名.メソッド名という形式でオブジェクトに用意されているメソッドを使うことができます。

さて、Pythonでは、文字列型やリストだけでなく、intやfloatなどの数値型もクラスです（**コード1**）。

コード1 object_01.py

```
a = 10
print(a.bit_length())
print(bin(a))
print(type(a))
print(isinstance(a,int))

s = 'hello'
print(s.capitalize())
print(type(s))
print(isinstance(s,str))
```

第4章で見たように、a = 10と整数を代入した変数aは整数型（int）です。int型のオブジェクトには、整数を符号と先頭の0は除いて二進法で表すために必要なビットの数を返すbit_lengthメソッドがあります。

実行してみると、4と表示されました（**図1**）。10のビット表現は1010だからです。

図1 a.bit_length()は4と表示される

図2のように整数値を1ビットを1桁とする2進数で表すと、1桁で0と1の2つの値、4桁で0〜15までの16種類の値を表現できます。

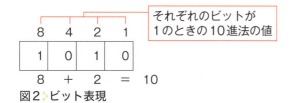

図2 ビット表現

　次の行でbin関数を使って、整数を二進文字列に変換します。bin関数は整数を先頭に "0b" が付いた二進文字列に変換します。0b1010と表示されており、0bを除くと10は4ビットで表現できることが確認できます。少し話が横道にそれましたね。戻りましょう。

　type関数の引数にインスタンスを1つ指定すると、そのクラスを返します。<class 'int'>と表示されています。

　また、isinstance関数を使うと、オブジェクトが第二引数に指定したクラスのインスタンスである場合にTrueを返します。

　変数sは文字列 (str) 型のオブジェクトです。文字列型に用意されているcapitalizeメソッドを使うと、Helloのように単語の先頭の文字を大文字に変換することができます。type関数で表示させると、間違いなく変数sのクラスはstrです。isinstance関数の結果もTrueです。

　このように、言語に用意されているクラスからオブジェクト（インスタンス）を生成して使うことは難しくはありません。

クラスを作成する

　オブジェクト指向プログラミングの第二段階は、自分でクラス作成して、オブジェクト（インスタンス）を生成して使う段階です。ここで、オブジェクト指向の入門者が足踏みするケースが多いようです。

　この段階でつまずく人たちの多くは異口同音に、「何をクラスにしたらいいのかわからない」と言います。また、オブジェクト指向言語といっても、自分でクラスを作らないと、目的の処理が書けないわけでもありません。でも、クラスを作った方が便利なときにクラスを作らないのは、オブジェクト指向言語を使う上では、もったいないことです。

　では、どんなときにクラスを作ったらいいのでしょうか？　筆者が実際に

クラスにした方が便利だと感じた例を紹介します。

　たとえば、隕石だらけの宇宙の一角をスペースシップで旅するゲームを作るときです。隕石がみんな同じ大きさで同じスピードで宇宙空間を進んでいるなら、クラスにする必要はありません。リストやタプルといった繰り返しのデータ構造で表現できるからです。

　しかし、それぞれ向きが違い、移動するスピードが違うときは、クラスにすると便利です。隕石の方向、スピード、位置（座標）がプロパティになります。そして、移動するというメソッドを持ちます。

　最初ですから、簡単な例でクラスを作ってみましょう（**コード2**）。

コード2 ▶ class_01.py

```python
class Person:
    pass


fujita = Person()
print(isinstance(fujita,Person))
```

　もっとも単純なクラス定義の例が以下です。

```python
class Person:
    pass
```

　Personという名前のクラスを定義しますが、Personクラスはプロパティやメソッドを持ちません。passを書くと、何もしないクラスを定義できます。

　fujita = Person()でクラスのインスタンスを生成します。生成したインスタンスfujitaがPersonクラスのインスタンスであるかをisinstance関数で聞いています。

　実行してみると、fujitaはPersonクラスのインスタンスなので、Trueと表示されています（**図3**）。自分で定義したクラスを生成するのは、s =

'hello' と文字列のインスタンスを生成するのとあまり変わりありませんね。

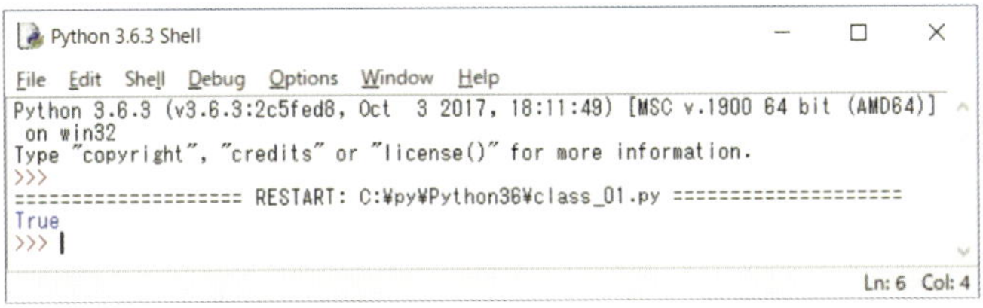

図3 ▶ True と表示される

次に、コンストラクタでプロパティを設定してみましょう。オブジェクトを生成するときに自動的に呼び出されるメソッドをコンストラクタ（建設者という意味です）と呼びます。Pythonでは、コンストラクタは __init__() という名前で宣言します。「_」を init の前後に2つ書きます（**コード3**）。

コード3 ▶ class_02.py

```python
class Person:
    def __init__(self, name, age):
        self.name = name
        self.age = age


p1 = Person("fujita", 36)
print(p1.name)
print(p1.age)
```

Person クラスにコンストラクタを追加しました。コンストラクタの第一引数には、オブジェクト（インスタンス）自身が渡されます。Pythonでは慣習的にそれを self という名前で受けます。

第二引数以降には、インスタンスの生成時に指定する引数が渡されます。

Person("fujita", 36) として、オブジェクトを生成しているので、"fujita" が name で，36 が age です。それをオブジェクト自身（self）の name プロパティと age プロパティに代入しています。

オブジェクト（インスタンス）を作成した側では、p1.name のように、

オブジェクト名.プロパティ名でプロパティにアクセスできます。

実行すると、fujita、36とプロパティが表示されます（**図4**）。

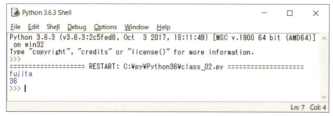

図4 ▶ fujita、36とプロパティが表示される

オブジェクトの生成時にデフォルト値（既定値）がある場合は、コンストラクタの引数にage = 22のようにデフォルト値を指定できます。オブジェクトの生成時に年齢を省略すると、ageは22になります（**コード4**、**図5**）。

コード4 ▶ class_03.py

```python
class Person:
    def __init__(self, name, age = 22):
        self.name = name
        self.age = age


p1 = Person("suzuki")
print(p1.name)
print(p1.age)
```

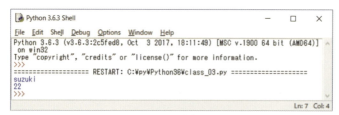

図5 ▶ suzuki、22とプロパティが表示される

次は、Personクラスに自己紹介をするメソッドを追加してみましょう（**コード5**）。

コード5 ▶ class_04.py

```
class Person:
    def __init__(self, name, age):
        self.name = name
        self.age = age
    def self_intro(self):
        print("My name is {0}. I'm {1} years old.".format(self.name, self.age))          実際は1行


p1 = Person("sato",38)
p1.self_intro()
```

　self_intro()というメソッドを追加しました。書き方は関数と同様ですが、第一引数にオブジェクト自身が渡されるので、selfで受けます。

　p1.self_intro()とself_introメソッドを実行すると、「My name is sato. I'm 38 years old.」と表示されます（図6）。このようにオブジェクトを作成した側では、オブジェクト名.メソッド名でオブジェクトのメソッドを実行できます。

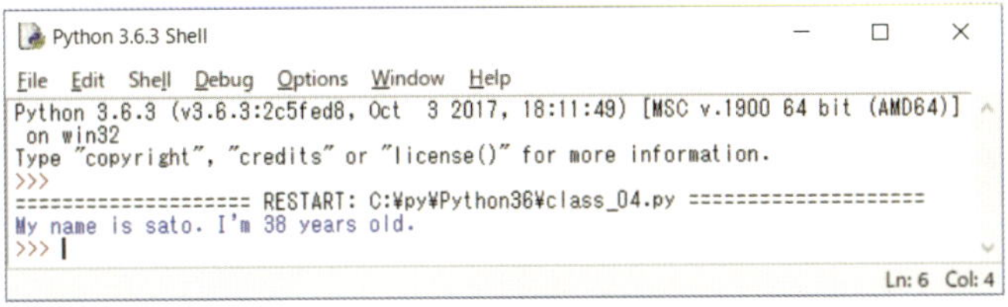

図6 ▶ My name is sato. I'm 38 years old.と表示される

継承を理解する

　すでに存在するクラスを継承して、クラスを作成することができます。たとえば、以下の三種類のロボットの設計図があるとします（図7）。

1. 四輪でモーターが2つあり、先頭にカラーセンサーが付いており、黒い線をたどって（ライントレースして）走るロボットカーの設計図
2. 四輪でモーターが2つあり、先頭に超音波センサーが付いており、障害

物を避けて走るロボットカーの設計図
3. 四輪でモーターが2つあり、先頭にアームが付いており、モノを運ぶことができるロボットカーの設計図

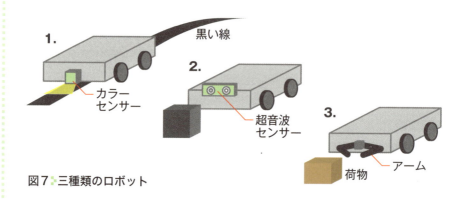

図7 ▸ 三種類のロボット

　これらロボットの設計図を見ると、「四輪でモーターが2つあり」までの設計図（クラス）は共通化できます。つまり、汎用です。この汎用的な設計図（クラス）を引き継いで（継承して）新たな機能（1．カラーセンサーで黒い線をたどる、2．超音波センサーで障害物を避ける、3．アームでモノを運ぶ）を持つ設計図（クラス）を作った方が、それぞれの設計図（クラス）をイチから作るよりだいぶ楽なことは明らかです（図8）。

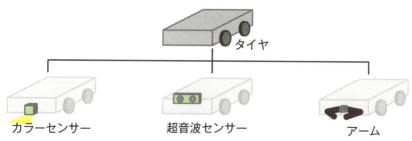

図8 ▸ 共通化した設計図からロボットを作る

　Personクラスの例に戻ります。Personクラスを継承するStudentクラスを作ってみましょう。まず、わかりやすくするために、コード5で示し

たclass_04.pyからクラス定義の部分だけをコピーして、person.pyという名前で保存しましょう（**コード6**）。

コード6 person.py

```
class Person:
    def __init__(self, name, age):
        self.name = name
        self.age = age
    def self_intro(self):
        print("My name is {0}. I'm {1} years old.".format(self.name, self.age))        実際は1行
```

このクラスからインスタンスを生成して、利用するプログラムは次のようにpersonモジュールから、Personクラスをインポートすればいいのでしたね（**コード7**）。

コード7 class_05.py

```
from person import Person

p1 = Person("shima", 57  )
p1.self_intro()
```

このクラスを継承して新しいクラスを作るときも同様にPersonクラスをインポートします（**コード8**）。

コード8 class_06.py

```
from person import Person

class Student(Person):
    def __init__(self, name, age, school, grade):
        super().__init__(name, age)──────────────────❶
        self.school = school
        self.grade = grade
    def self_intro(self):─────────────────────────❷
        print("My name is {0}. I'm {1} grade at {2} school.".format
```

```
        (self.name, self.grade, self.school))          実際は1行

s1 = Student("nagasawa", 15 ,"keio", "first" )
s1.self_intro()
```

　このサンプルではPersonクラスを継承するStudentクラスを定義します。継承先クラスを定義するときにクラス名（継承元クラス名）と継承元のクラス名を指定します。

　ここで一度、言葉の整理をしておきましょう。プログラミング言語によって、この継承元クラスと継承先クラスの呼び方に違いがあります。継承元クラスのことを親クラス、スーパークラス、基底クラスなどと呼びます。継承先クラスのことは子クラス、サブクラス、派生クラスなどと呼びます。これらの言葉に出会ったときは、だいたい同じことを言っているのだなと理解してください。

　Studentクラスのコンストラクタでは、super().__init__ として、親クラス（スーパークラス）のコンストラクタを呼び出しています❶。この場合、selfは指定する必要がありません。selfはPythonが自動的に設定してくれます。

　ちなみにPython2では、Person.__init__(self, name, age) のように親クラスの名前を指定して__init__ を呼び出します。selfを省略することはできません。一方、Python3ではsuper()を使う他に、Person.__init__ とPython2同様の方法で親クラスのコンストラクタを呼び出すこともできます。

　コンストラクタにより、nameとageプロパティに引数の値が代入されます。Studentクラスのコンストラクタでは、追加したschoolとgradeプロパティを設定します。次に親クラスにあるself_introメソッドを再定義しています❷。このように親クラスで定義されたメソッドを子クラスで定義しなおして、動作を変更することをオーバーライド（override）と呼びます。学生なので自己紹介では、学校名と学年を言うようにオーバーライ

ドしています。

　これを実行すると、My name is nagasawa. I'm first grade at keio school. と表示します（図9）。

```
Python 3.6.3 Shell
Python 3.6.3 (v3.6.3:2c5fed8, Oct  3 2017, 18:11:49) [MSC v.1900 64 bit (AMD64)]
on win32
Type "copyright", "credits" or "license()" for more information.
>>>
================= RESTART: C:/py/Python36/class_06.py =================
My name is nagasawa. I'm first grade at keio school.
>>>
```

図9 ▶ My name is nagasawa. I'm first grade at keio school. と表示される

　もちろん、子クラスから呼び出せるのは、親クラスのコンストラクタだけではありません。

コード9 ▶ class_07.py

```
from person import Person

class Student(Person):
    def __init__(self, name, age, school, grade):
        super().__init__(name, age)
        self.school = school
        self.grade = grade
    # override
    def self_intro(self):
        super().self_intro()                                          ❶
        print("I'm {0} grade at {1} school.".format(self.grade,
self.school))         実際は1行

s1 = Student("nagasawa", 15 ,"keio", "first" )
s1.self_intro()
```

　Studentクラスのself_introメソッドの中で、スーパークラスのself_introメソッドを呼び出しています❶。そして、次行では学年と学校名だけを出力するようにしました（図10）。このように、子クラス側で親のメソッドを呼び出すと、子クラスでの処理が追加したい分だけになりますね。

```
Python 3.6.3 Shell
Python 3.6.3 (v3.6.3:2c5fed8, Oct  3 2017, 18:11:49) [MSC v.1900 64 bit (AMD64)]
on win32
Type "copyright", "credits" or "license()" for more information.
>>>
==================== RESTART: C:/py/Python36/class_07.py ====================
My name is nagasawa. I'm 15 years old.
I'm first grade at keio school.
>>>
```

図10 ▶ My name is nagasawa. I'm 15 years old. I'm first grade at keio school. と2行にわたって表示される

　Personクラスにはself_introメソッド1つしかないので、ピンとこないかもしれませんが、親クラスに複数メソッドがある場合、動作を変更したいメソッドだけを子クラスでオーバーライドして、そうでないメソッドは親クラスのメソッドをそのまま使用できます。また、親クラスにないメソッドを子クラスで定義することもできます。簡単な例で見ていきましょう（**コード10**）。

コード10 ▶ greeting.py

```
class Greeting:
    def __init__(self, name):
        self.name = name
    def good_morning(self):
        print("Good morning {0}!".format(self.name))
    def hello(self):
        print("Hello {0}!".format(self.name))
```

　Greetingクラスを作成します。Greetingクラスにはコンストラクタのほかに、nameプロパティに対して、Good morningと言うgood_morningとHelloと言うhelloメソッドがあります（**コード11**）。

コード11 ▶ class_08.py

```
from greeting import Greeting

class CasualGreeting(Greeting):
    def __init__(self, name):
        super().__init__(name)
    # override
```

```python
    def hello(self):
        print("Hi {0}!".format(self.name))
    def good_night(self):
        print("Good night {0}!".format(self.name))

cg = CasualGreeting("sawada")
cg.good_morning()
cg.hello()
cg.good_night()
```

　CasualGreetingクラスはGreetingクラスを継承します。そして、helloメソッドをよりカジュアルなあいさつをするようにオーバーライドします。それから、夜には夜らしいあいさつができるようにgood_nightメソッドを追加しています。オブジェクト変数cgを生成して、good_morning()、hello()、good_night()とメソッドを実行します。

　Good morning sawada!、Hi sawada!、Good night sawada! と順に表示されましたが（図11）、Good morning sawada! と表示しているのは、Greetingクラスのメソッドで、Hi sawada! はCasualGreetingクラスでオーバーライドしたメソッドです。そして、Good night sawada! と表示したのはCasualGreetingクラスで追加したメソッドです。

```
Good morning sawada!
Hi sawada!
Good night sawada!
>>>
```

図11 Good morning sawada!、Hi sawada!、Good night sawada! と表示される

クラス名の命名について

　最後に、変数名や関数名と違い、クラス名は大文字で始め、クラス名が複数の単語から成るときは、単語の先頭を大文字にする、いわゆるcamel case（キャメルケース）で命名しています。このようにしないといけないわけではありませんが、このようにすると、変数名や関数名と区別が付きやすいのでいいのではないかと思います。

第7章 Pygameの使い方

ゲーム作成の基礎知識を得よう

本章では、第2章でインストールしたゲーム作成用ライブラリ
Pygameの使い方を学びながら、
ゲーム作成に必要な関連知識を身に付けていきましょう。

図形を描画したり移動したりしてみよう

　PygameはゲームをつくるためのPythonのモジュール集であり、Pythonでコンピュータグラフィックスと音声を扱うためのライブラリを含んでいます。Pygameは、以下で述べるSDLライブラリの上に構築されており（言い換えれば、SDLライブラリを使って開発されており）、C言語のような低水準の機構を使わずにリアルタイムのコンピュータゲームを開発できるようになっています。

　SDL（Simple DirectMedia Layer）は、一言で言うと、C言語で書かれたクロスプラットフォームのマルチメディアライブラリで、グラフィックの描画やサウンドの再生などのAPI（後述）を提供します。

　具体的に説明しましょう。SDLは、Windows、macOS、Linux、iOS、Androidなどのプラットフォームをサポートしています。クロスプラットフォームとは、異なるプラットフォーム（Windows、macOS、Linux、iOS、AndroidなどOSのことを主に指します）で、同じ仕様のものを動かすことができるソフトウェア（プログラム）のことです。だから、Pygameもクロスプラットフォームです。

　API（Application Programming Interface）とは、ソフトウェア部品を作成するプログラムから利用するためのインターフェースです。

まずは、簡単なプログラムで、Pygameの特徴を理解しましょう。**コード1**を見てください。

コード1 ▸ pygame_01.py

```
import sys                                                        ―❶
import pygame
from pygame.locals import QUIT

def main():
    pygame.init()                                                 ―❷
    surface = pygame.display.set_mode((300, 300))
    pygame.display.set_caption("Hello Pygame")
    clock = pygame.time.Clock()
    font = pygame.font.Font(None, 30)                             ―❸
    text = font.render("Hello Pygame", True, (10, 10, 10))
    textpos = text.get_rect()
    textpos.centerx = surface.get_rect().centerx
    textpos.centery = surface.get_rect().centery

    while True:                                                   ―❹
        for event in pygame.event.get():
            if event.type == QUIT:
                pygame.quit()
                sys.exit()
        surface.fill((220, 220, 220))
        surface.blit(text, textpos)
        pygame.display.update()
        clock.tick(10)                                            ―❺
if __name__ == '__main__':
    main()
```

まず、pythonモジュールのsysをimportします❶。sysには、Pythonのインタプリタ、実行環境に関係した関数があります。

次の行でPygameパッケージをimportしています。pygameをimportすると、pygameのモジュール全てをインポートします。

それから、pygameで使用する定数はlocalsモジュールで定義されてい

るので、from pygame.locals import QUIT で定数QUITをインポートしています。もちろん、このようにインポートしないでも import pygame でパッケージ全体をインポートしていますので、

```
if event.type == pygame.QUIT:
```

のようにpygame.QUITと定数を使うことができます。しかし、

```
from pygame.locals import QUIT
```

としておけば、

```
if event.type == QUIT:
```

と簡単に書くことができます。

　main関数に進みましょう。pygame.init()は、インポートした全てのpygameモジュールを初期化します❷。
　pygame.display.set_mode((300, 300))は、描写用のウィンドウやスクリーンを初期化します。引数にタプルで指定した幅、高さのウィンドウを作成し、Surfaceとして返します。このSurface（サーフェース）は、画像を描写するためのpygameのクラスです。それを、変数surfaceに代入します。Surfaceの日本語訳は「表面」です。ここで作成する画面全体としてのSurfaceは、図形を描画したり画像を貼り付けたりする台紙のようなものです。
　pygame.display.set_caption("Hello Pygame")は、ウィンドウにタイトルを設定します。
　その次の行の clock = pygame.time.Clock() は、Clockオブジェクトを作成します。Clockオブジェクトを使ってゲームのフレームレート（次節で説明します）が制御できます。

フレームレートの指定

フレームレートとは、1秒間に見せる静止画の枚数のことです。教科書やノートの隅に描いたパラパラ漫画をめくるスピードのことです。たとえば、映画は24コマ、ビデオカメラやテレビは30コマが多いようです。Clockオブジェクトのtickメソッドで、clock.tick(10) のように指定すると、1秒間に10フレームになります。

フレームレートを指定しないと、休みなくフレームを更新します。高速にフレームが再描画されていいように思われるかもしれませんが、CPUの使用率が上がります。自分のプログラムがずっとCPUを使っていて、他のプログラムの実行を邪魔するようなことはプログラマとしては避けなければいけません。また、あまり高いフレームレートにしても、人間の目が追いつかないので意味がありません。もちろん、ゲームの内容によって必要なフレームレートは異なりますが、ここでは10にしています（後述）。

文字の描画

pygame.font.Font(filename,size) は、filenameに示されるファイルから情報を読み込んでフォントオブジェクトを作成します❸。引数filenameにはファイル名を指定しますが、Noneを指定すると、Pygameの既定フォントを読み込みます。sizeにはフォントの高さをピクセル単位で指定します。作成したFontオブジェクトはSurfaceへ文字列を描画するときに使います。

fontオブジェクトのrenderメソッドで、Surfaceに文字を描写します。その引数は以下の通りです。

```
Font.render(text, antialias, color, background=None): return Surface
```

renderメソッドでは、指定した文字を描画したSurfaceを新規に作成します。Pygameでは作成済みのSurfaceに直接文字を描写することができません。描写するためにはFont.renderメソッドで文字の画像（Surface）

を作成し、それを作成済みSurfaceに描写しなければなりません。

　台紙の上に色紙を貼るように、Surfaceの上にSurfaceを重ねます(図1)。サーフェースsurfaceの上に、サーフェースtextを重ねているのです。

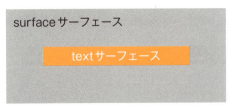

図1 ▸ Surfaceの上にSurfaceを重ねる

　変数名がtextですが、Font.renderメソッドが返すのはSurfaceオブジェクトです。text.get_rect() として、textサーフェースが存在する範囲のRect値を取得しています。rectとは矩形(rectangle)のことです。矩形とは全ての角が直角の四辺形です。

　Rect値取得後、print(textpos) を挿入して出力すると、図2のようにRect値が表示されます。左から順に、left、top、right、bottomです。

図2 ▸ Rect値が表示される

　Rectクラスには、これらを含め、top、left、bottom、right、topleft、bottomleft、topright、bottomright、midtop、midleft、midbottom、midright、center、centerx、centery、size、width、height、w、hなどのプロパティがあり、設定することもできます。

　次の行を見てください。surface.get_rect().centerx で、ウィンドウ全体であるsurfaceのRect値の中から、X軸の中央値(centerx)を取得して、textのRect値のcenterxに代入しています。その下の行では、Y軸の中央

値を同様に代入しています。

これらの値も、print(textpos.centerx)、print(textpos.centery) として表示させてみましょう（図3）。

```
*Python 3.6.3 Shell*
File Edit Shell Debug Options Window Help
Python 3.6.3 (v3.6.3:2c5fed8, Oct  3 2017, 18:11:49) [MSC v.1900 64 bit (AMD64)]
 on win32
Type "copyright", "credits" or "license()" for more information.
>>> 
==================== RESTART: C:\py\Python36\pygame_01.py ====================
150
150
>>> 
```

図3 150、150と表示される

ウィンドウサイズが300 × 300なので、中央値はX、Y軸とも150と表示されました。ここで、Pygameで使う座標について説明します。

値がないことを表すNone

Noneは、値がないことを表します。型NoneTypeの唯一の値です。ほかのプログラミング言語ではnullと表記されることが多いです。

ある変数がNoneであるか否かは、is Noneで判断します（図4）。

```
Python 3.6.3 Shell
File Edit Shell Debug Options Window Help
Python 3.6.3 (v3.6.3:2c5fed8, Oct  3 2017, 18:11:49) [MSC v.1900 64 bit (AMD64)]
 on win32
Type "copyright", "credits" or "license()" for more information.
>>> val = None
>>> type(val)
<class 'NoneType'>
>>> True if val is None else False
True
>>> 
```

図4 valにNoneを代入した例

Pythonの座標系

学校の数学で習う座標では、原点が真ん中にあります（図5）。右へ移動するとX軸の値が正の方向に増え、上へ移動するとY軸の値が正の方向に増えます。左へ移動するとX軸の値が負の方向に増え、下へ移動するとY

軸の値が負の方向に増えます。

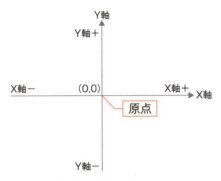

図5 ▸ 数学で習う座標

それに対し、Pygameの座標では原点は左上です（**図6**）。右へ移動するとX軸の値が正の方向に増えます。下へ移動するとY軸の値が正の方向に増えます。負の方向はありません。

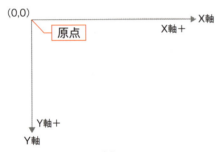

図6 ▸ Pygameの座標

　ゲームを作るときには、キャラクターや障害物がどこから出てきて、どこに向かって移動するかを考えなくてはいけません。そのために、Pygameの座標を頭に入れましょう。centerxやcenteryは、「centerxやcenteryから、キャラクターを出す」のように使用頻度が高いプロパティです。
　次に、while True:の無限ループがあります❹。このループがメインループです。メインループの中でフレームの処理を繰り返します。フレームレートを設定するCLOCK.tickメソッドはメインループの中で実行しなければ

なりません❺。

　while True:の下のfor event in pygame.event.get():で始まるforループは、次で説明するイベントの処理です。

イベント処理をしながらプログラムが進行

　プログラムで作成したウィンドウ上では、様々なイベントが発生します。たとえば、キーボードのあるキーを押したとか、ウィンドウ上でマウスを動かしたとか、マウスをクリックしたなどのユーザーが起こしたイベントやプログラムが起こしたイベントを処理することで、プログラムは進行していきます。

　発生したイベントはイベントキュー（event queue）に入ります（**図7**）。このイベントキューからイベントを取り出すのが、pygame.event.get()です。pygame.event.get()は、イベントキューから全てのイベント情報を取得します。取得されたイベントはイベントキューから削除されます。そして、forループで先にキューに入ったイベントから順に処理していきます。

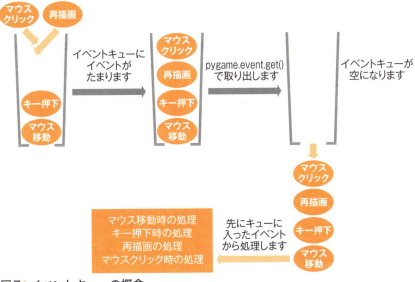

図7 イベントキューの概念

このサンプルでは取得したイベントタイプがQUIT（終了イベント）だったら、プログラムを終了します。終了イベントはたとえば、閉じる（×）ボタンを押したときに発生します（**図8**）。

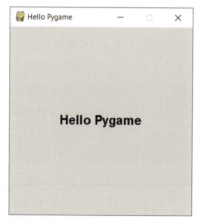

図8 ▶ 閉じるボタンは右上の×

　終了イベントが発生したときは、pygame.quit() で、pygameモジュールの初期化を解除して、sys.exit() でプログラムを終了します。
　surface.fill((220, 220, 220)) でSurfaceオブジェクトのfillメソッドを実行します。Surface.fill() は、Surfaceを一色で塗りつぶします。引数はタプルでR（赤）、G（緑）、B（青）の光の三原色を指定します。各要素の値の範囲は0～255です（**表1**）。

表1 ▶ RGB値

R(ed)	G(reen)	B(lue)	色
0	0	0	黒
255	255	255	白
255	0	0	赤
0	255	0	緑
0	0	255	青

　光の三原色なので、(0, 0, 0) は黒で、(255, 255, 255) は白です。この

サンプルプログラムでは (220, 220, 220) を指定しているので、灰色になります。R、G、Bの各色を1つ、255にして他の色を0にすると、各原色が出ます。逆にR、G、Bの各色を混ぜ合わせるといろいろな色が出るので、試してみてください。

surface.blit(text, textpos) は、Surfaceオブジェクトのblitメソッドを実行します。Surface.blit() は、画像を他の画像上に描写します。この場合、surfaceはウィンドウ全体なので、ウィンドウにSurfaceオブジェクトであるtextを描写します。描写位置をtextposで指定します。whileブロックに入る前に、textposのcenterx、centeryにウィンドウであるsurfaceのcenterxとcenteryを代入してあるので、ウィンドウの中央にHello Pygame と表示されます。

pygame.display.update() は、画面を更新します。引数を指定して、画面を部分的に更新できますが、引数を指定しないと画面全体を更新します。では、画面を更新するとはどういうことでしょうか？

Pygameでは、描画内容がすぐに画面上に反映されるわけではありません。いったんバッファにためられますので、pygame.display.update() で変更を適用します。バッファとはデータを一時的に記憶するメモリ上の場所です。

試しにこの行をコメントにして実行してみてください。画面は黒いままになるでしょう。

■ 図形を描く、動かす

pygameの図形描写用モジュールであるpygame.drawを使うと、Surface上に図形を簡単に描くことができます。プログラムを見ていきましょう（コード2）。

コード2 ▶ pygame_02.py

```
import sys
import pygame
from pygame.locals import QUIT
```

```
def main():

    pygame.init()
    surface = pygame.display.set_mode((300, 400))
    pygame.display.set_caption("Pygame draw")
    clock= pygame.time.Clock()
    while True:
        for event in pygame.event.get():
            if event.type == QUIT:
                pygame.quit()
                sys.exit()
        surface.fill((255, 255, 255))
        pygame.draw.rect(surface,(255,255,0),(50,10,80,40),5)         ――❶
        pygame.draw.rect(surface,(0,255,255),(150,10,80,40))

        pygame.draw.circle(surface,(255,0,255),(100,100),20,5)        ――❷
        pygame.draw.circle(surface,(255,0,255),(200,100),10)

        pygame.draw.ellipse(surface,(100,100,100),(50,150,80,40),5)   ――❸
        pygame.draw.ellipse(surface,(200,200,200),(150,150,80,40))

        pygame.draw.line(surface, (0,100,200), (80,220), (200,340),3) ――❹

        pygame.display.update()
        clock.tick(10)
if __name__ == '__main__':
    main()
```

・pygame.draw.rect

pygame.draw.rect() は、Surface 上に、四角形を描写します❶。

```
pygame.draw.rect(Surface, color, Rect, width=0)
```

引数のcolorにはRGB値をタプルで指定します。Rectにも四角形の4つ

の頂点をタプルで指定します。widthは線の太さです。省略すると（0にすると）、塗りつぶしになります。

・pygame.draw.circle

　pygame.draw.circle()は、Surface上に、指定した座標（pos）を中心点として円を描写します❷。

```
pygame.draw.circle(Surface, color, pos, radius, width=0)
```

　pos引数は円の中心点となり、radiusは円の半径です。widthは外枠の線の太さを表します。widthを省略した（0にした）場合、描画される円形の内部が全て塗りつぶされます。

・pygame.draw.ellipse

　pygame.draw.ellipse()は、Surface上に、指定した四角形に内接する楕円を描写します❸。

```
pygame.draw.ellipse(Surface, color, Rect, width=0)
```

　引数として設定するRect値に内接する楕円を描きます。width引数は外枠の線の太さを表します。widthを省略した（0にした）場合、描画される楕円形の内部が全て塗りつぶされます。

・pygame.draw.line

　pygame.draw.line()は、Surface上に、直線を描画します❹。

```
pygame.draw.line(Surface, color, start_pos, end_pos, width=1)
```

　start_pos、end_posにはそれぞれのX、Y座標をタプルで指定します。widthは線の太さです。

実際に図形を描画した画像が**図9**です。その他にも、ポリゴン（多角形）やアーク（円弧）を描くことができます。

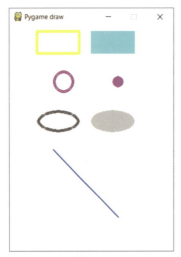

図9 図形を描画した例（pygame_02.pyの実行例）

　次は、円を描いて動かすプログラムを作ってみましょう（**コード3**）。実際に動かすことで、フレームレートが実感できます（**図10**）。

コード3 pygame_03.py

```
import sys
import pygame
from pygame.locals import QUIT

def main():
    pygame.init()
    surface = pygame.display.set_mode((300, 400))
    pygame.display.set_caption("Circle move")
    clock = pygame.time.Clock()
    x = surface.get_rect().centerx                          ❶
    y = 0
    while True:
        for event in pygame.event.get():
            if event.type == QUIT:
```

```
                pygame.quit()
                sys.exit()
        surface.fill((255, 255, 255))
        if y < surface.get_rect().bottom - 10:                    ❷
            y += 10
        pygame.draw.circle(surface,(255,0,0),(x, y),10)           ❸
        pygame.display.update()
        clock.tick(10)                                            ❹

if __name__ == '__main__':
    main()
```

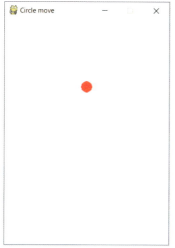

図10 ▶ 円を描画した例（pygame_03.pyの実行例）

　pygame.draw.circle()で円を描画します❸。xにはウィンドウのcenterxを代入しますので❶、X軸の真ん中からボールが出現します。ウィンドウのbottom（底辺）は400ですので、390よりyが小さいときは❷、yに10を足します。これでメインループの中で、ボールがウィンドウの下まで落ちてきます。clock.tick(10)と引数に10を指定していますが、clock.tick()メソッドの引数を大きな値にすると、ボールは速く落下します。小さな値にすると、ゆっくりと落下します。3〜30ぐらいの範囲でclock.tick()メソッドの引数を変化させて試してみてください。

画像の描写と移動

　画像を表示するためには、まずファイルから画像を読み込みます。pygame.image.load()でファイルを読み込みます。Pygameでは、BMP、GIF、JPG、PNGをはじめとする各種形式のファイルを読み込むことができます。

　まず、bmpファイルを読み込んでみましょう。pygame_icon.bmp は、pygameがインストールされたフォルダにあります。pygameがインストールされたフォルダは以下のようなプログラムを作成して実行するとわかります。筆者の環境では図11のように表示されました。

```
import pygame
print(pygame)
```

図11 pygameのあるフォルダがわかる

　C:¥py¥Python36¥lib¥site-packages¥pygameにpygame_icon.bmpはあるので、自分がプログラムを作成、保存しているフォルダにコピーしておきましょう。

　では、プログラムを見てみましょう（コード4）。

コード4 pygame_04.py

```
import sys
import pygame
from pygame.locals import QUIT
```

```
def main():
    pygame.init()
    surface = pygame.display.set_mode((400, 300))
    clock = pygame.time.Clock()
    icon = pygame.image.load("pygame_icon.bmp").convert()─────────❶
    (x, y) = (surface.get_rect().centerx - icon.get_rect().width / 2 , \
              surface.get_rect().centery - icon.get_rect().height / 2 )

    while True:
        for event in pygame.event.get():
            if event.type == QUIT:
                pygame.quit()
                sys.exit()

        surface.fill((0, 0, 255))
        surface.blit(icon, (x, y))───────────────────────────────❷
        pygame.display.update()
        clock.tick(10)
if __name__ == '__main__':
    main()
```

❶の行は、少し変わった書き方をしてありますね。pygame.image.load("pygame_icon.bmp") として、pygame_icon.bmp をロードして、すぐに .convert() を実行しています。pygame.image.load() はSurface を返すので、すぐにSurface の convert メソッドを実行しているのです。icon という名前ですが、変数 icon はSurface オブジェクトです。

　Surface.convert() は、描画を速くするための処理です。引数を設定せずに Surface.convert() を実行することにより、現在の描写環境に最適化された形式へ変換したコピーを作成することができます。convert() は読み込むイメージに透明色（アルファ値）が指定されていないときに使います。

図12 ◆ pygame_icon.bmpを表示したところ

　bmpには透明色を指定することができないので、蛇の背景が黒くなっています。透明色（アルファ値）を持つ画像の場合は、convert_alpha()を使います（図12）。

　次の行でタプルx,yに求めているのはiconサーフェースを描写する位置です。❷のsurface.blit()でsurfaceにiconを重ね合わせているのですが、第2引数は左上隅が置かれる(x座標,y座標)です。画面全体の中央値からiconの幅、高さの半分を引くことで、ウィンドウの中央に pygame_icon.bmp を配置しています。

　さて、(x, y) = (surface.get_rect().centerx - icon.get_rect().width / 2, の後ろに \（¥）記号が入っていますね。Pythonでは行のおわりに「\」（バックスラッシュ）を書くことで、明示的に改行できます。Pythonでは1行を79文字以内にすることが推奨されています。

　続いて、**コード5**を見てください。今度はpng画像をロードして表示させてみましょう。

コード5 ◆ pygame_05.py

```
import sys
import pygame
from pygame.locals import QUIT

def main():
    pygame.init()
```

```
    surface = pygame.display.set_mode((400, 300))
    clock = pygame.time.Clock()
    alien = pygame.image.load("alien1.png").convert_alpha()——————❶
    (x, y) = (surface.get_rect().centerx - alien.get_rect().width / 2 , \
              surface.get_rect().centery - alien.get_rect().height / 2 )

    while True:
        for event in pygame.event.get():
            if event.type == QUIT:
                pygame.quit()
                sys.exit()

        surface.fill((0, 0, 255))
        surface.blit(alien, (x, y))
        pygame.display.update()
        clock.tick(10)

if __name__ == '__main__':
    main()
```

alien1.pngは筆者と同じようにインストールした場合は C:¥py¥Python36¥Lib¥site-packages¥pygame¥examples¥data にありますので、同様にコピーしておきましょう。pngは透明色（アルファ値）を持つことができます。alien1には透明色が指定してあるので、convert_alpha() を使っています❶。

実行すると、宇宙船の背景が透明になっていることがわかります（図13）。

図13 ▶ alien1.pngを表示したところ

画像の移動

さて、次は矢印キーの押下に合わせて、宇宙船を移動させてみましょう。上下左右の矢印キーに合わせて、宇宙船が動くようにします（**コード6**）。

コード6 ▶ pygame_06.py

```python
import sys
import pygame
from pygame.locals import *                                              ❶

def main():
    pygame.init()
    surface = pygame.display.set_mode((400, 300))
    clock = pygame.time.Clock()
    alien = pygame.image.load("alien1.png").convert_alpha()
    (x, y) = (surface.get_rect().centerx - alien.get_rect().width / 2 , \
              surface.get_rect().centery - alien.get_rect().height / 2 )

    while True:
        for event in pygame.event.get():
            if event.type == QUIT:
                pygame.quit()
                sys.exit()
            if event.type == KEYDOWN:                                    ❷
                if event.key == K_LEFT:                                  ❸
                    x -= 3
                if event.key == K_RIGHT:
                    x += 3
                if event.key == K_UP:
                    y -= 3
                if event.key == K_DOWN:
                    y += 3

        surface.fill((0, 0, 255))
        surface.blit(alien, (x, y))
        pygame.display.update()
        clock.tick(10)

if __name__ == '__main__':
    main()
```

まず、ここではpygame.localsから、キーイベントに関する定数を全てインポートします。そのために❶で、import *としています。キーの押下はKEYDOWNイベントで判断します❷。押されたキーは、eventのkeyプロパティでわかります❸。

矢印キーで宇宙船を動かしてみてください（図14）。K_LEFTは左矢印キーでK_RIGHTは右矢印キー、K_UPは上矢印キー、K_DOWNは下矢印キーです。

図14 ▶ alien1.pngを動かしたところ

三角関数を使ってボールを動かそう

ゲームのウィンドウ上では、ボールをボールらしく動かす必要があります。

ボールの移動を私たちが慣れている数学で使う二次元の座標で考えましょう（図15）。ある地点から別の地点にボールが移動するときには、角度と大きさがあります。大きさは移動距離とした方がわかりやすいかもしれません。二次元の座標で言えば、ある点から別の点に線を引くのと同じです。

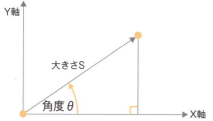

図15 ▶ ボールが移動するときの角度と大きさ

これまで見てきたように、Pygameで線を引くときはある点から別の点をタプルで (x1, y1),(x2, y2) のように表します。この (x2, y2) の座標を角度（θ）と大きさ（S）から求めるために三角関数を使います。

　三角関数は、高校でsin（サイン）、cos（コサイン）、tan（タンジェント）から習いますが、いろいろ難しい公式が出てきてここで数学が嫌いになる人もいるようですね。でも、x,y座標を求める方法は簡単です。sinとcosを使います。

　sin、cosは三角比です（**図16**）。三角比というのは直角三角形における角や辺の大きさの関係を表す法則です。θ（シータ：theta）はギリシア文字で、角度を表すのに使います。

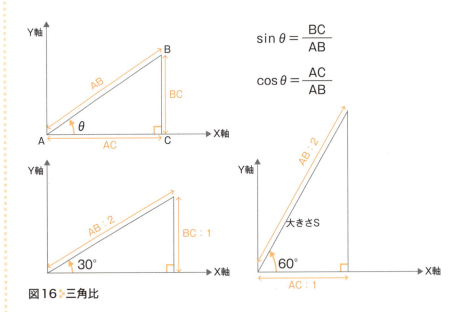

図16：三角比

　sin θ はABの長さとBCの長さの比です。たとえば、θが30°のときsin30°は1/2です。BCの長さはABの半分になります。

　cos θ はABの長さとACの長さの比です。たとえば、θが60°のときcos60°は1/2です。ACの長さはABの半分になります。

　ですから、角度（θ）と大きさ（S）から、cos関数とsin関数を使って (x2, y2) の座標を求めることができるわけです。cos(θ) × S、sin(θ) × Sの

ような式で求めることができます (図17)。

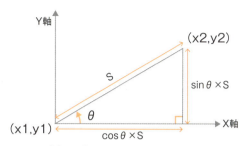

図17 ▶ 座標の求め方

　文章で書くと、やはり三角関数は難しい感じがしますね。でも、プログラムとして表現して、cos関数、sin関数が返す値を表示させると理解しやすいですよ。実際にコードを見ていきましょう (**コード7**)。

コード7 ▶ pygame_07.py

```python
import pygame
from math import sin, cos, radians                           ❶
import sys
from pygame.locals import QUIT

def main():
    x = 0                                                    ❷
    y = 0

    pygame.init()
    clock = pygame.time.Clock()
    surface = pygame.display.set_mode((200, 200))

    while True:
        for event in pygame.event.get():
            if event.type == QUIT:
                pygame.quit()
                sys.exit()

        surface.fill((255, 255, 255))
```

```
        for theta in range(0, 90, 6):                           ③
            rad = radians(theta)
            print(theta, cos(rad)*100, sin(rad)*100)
            if theta < 50:                                      ④
                pygame.draw.line(surface, (255, 0, 0), (x, y),
(cos(rad)*100+x, sin(rad)*100+y))        実際は1行
            else:
                pygame.draw.line(surface, (0, 255, 0), (x, y),
(cos(rad)*100+x, sin(rad)*100+y))        実際は1行

        pygame.display.update()
        clock.tick(1)

if __name__ == '__main__':
    main()
```

　sin関数やcos関数はmathモジュールにあります。❶でmathモジュールからsin関数、cos関数、radians関数をインポートしています。sin関数、cos関数については説明しましたが、radians関数とは何でしょうか？

　Pythonをはじめとするプログラミング言語では、sin関数、cos関数の引数は角度ではなく、ラジアン（radian：弧度）で指定します。1ラジアンは（180/π）°で、およそ57.2958°です。逆に180°は弧度法においてはπ radで、360°は2π radです。radはラジアンの単位記号です。

　ラジアンは円の半径に等しい長さの弧の中心に対する角度です（図18）。平面角の大きさをラジアンで測ることを弧度法と呼びます。

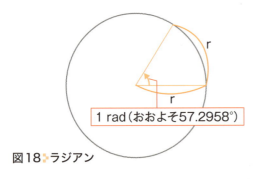

図18 ラジアン

π（パイ）は中学で習う円周率です。3.14と習ったり、だいたい3と習ったりしますが、無理数なので3.14159265358979323846……と無限に続きます。円周率とは円周と直径の比です。直径にπを掛けると円周が求まります。

難しく考えることはありません。インポートしたradians関数に角度を渡すとラジアンに変換した値を返してくれます。

❷でx=0、次行でy=0としていますが、これが線を引き始める開始座標です（図19）。

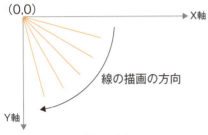

図19 ▸ 0,0から線を引く

Pygameの座標は、左上が原点なので、角度を変えながら、下に向かって、大きさ100で線を描きます。❸のfor theta in range(0, 90, 6): で始まるforブロックで、線を引いています。まずthetaには0から90未満の範囲で、6度刻みの角度が入ります。それを radians(theta) でラジアンに変換し、変数radに入れます。次のprint関数は、radからcosやsinを求めて、100を掛けると、実際にどんな値になるかを確かめるためのコードです。

theta、cos、sinの順に出力しています（図20）。0、100.0、0.0 から始まります。thetaの値が小さいときは、cosの値が大きく、sinは小さいですね。thetaの値が大きくなると、cosの値が小さく、sinは大きくなります。三角比の図と同じですね。

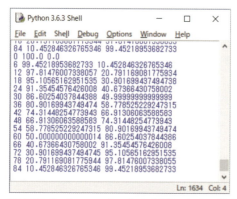

図20 theta, cos(rad)＊100, sin(rad)＊100 を出力

　線を描くところではthetaの大きさにより、線の色を変えています。はじめは赤色で、角度が大きくなると緑に変わります。(x, y) から (cos(rad)＊100+x, sin(rad)＊100+y) に線を描いています (図21)。

　このように方向と大きさ（ゲームよってはスピードだったり、移動距離だったりするかもしれません）から、三角関数を使って座標を求めることができます。

図21 はじめは赤色、途中で緑に線の色を変えている

ボールをはね返らせる

　今度は線ではなく、ボールで考えてみましょう (図22)。

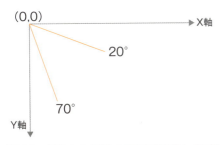

図22 ▶ 20°から70°の範囲で球出しをする

　ボールを座標(0,0)から、20°から70°の範囲で出現させます。Pygameの座標ではY軸は下に行くほど値が大きくなるので、一般的な座標とは逆になります。

　コード8を見てください。

コード8 ▶ pygame_08.py

```
import sys
import pygame
from random import randint ─────────────────❶
from math import sin, cos, radians
from pygame.locals import QUIT

def main():
    pygame.init()
    surface = pygame.display.set_mode((400, 400))
    pygame.display.set_caption("Ball bound")
    clock = pygame.time.Clock()
    x = 0
    y = 0
    dir = randint(20, 70) ─────────────────❷
    print(dir)                              # for debug
    speed = 10
    while True:
        if x < 0 or x > 400: ─────────────────❸
            dir = 180 - dir
            print(dir)  # for debug
```

```
            if y < 0 or y > 400:                                                ④
                dir = -dir
                print(dir)                                          # for debug
            for event in pygame.event.get():
                if event.type == QUIT:
                    pygame.quit()
                    sys.exit()
            surface.fill((255, 255, 255))
            x += cos(radians(dir)) * speed                                      ⑤
            y += sin(radians(dir)) * speed
            pygame.draw.circle(surface,(255,0,0),(int(x), int(y)),8)
            pygame.display.update()
            clock.tick(10)

if __name__ == '__main__':
    main()
```

　20°から70°の発射角をランダムに求めたいので、randomモジュールからrandint関数をインポートして❶、dirに求めた発射角を代入しています❷。randint関数は指定した範囲内でランダムな値を返します（図23）。その2行下で、一回の移動単位であるspeedには10を代入しています。

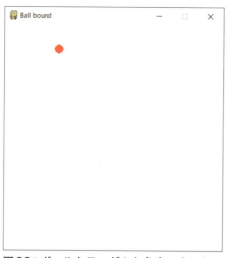

図23 ▶ ボールをランダムな角度で出したところ

先にボールを描画するところから見ていきましょう。❺以降で、X座標とY座標を求め、pygame.draw.circle()で円を描きます。

　X座標を求めるには、まず、dir（最初は発射角）をラジアンにしてcosを求めspeedを掛けます。ここまでは線を引く、さきほどのサンプルと同じですね。そして、その値を、X座標を記憶する変数xに足します。yについてもsinを使って同様に計算します。

　pygame.draw.circle()で円を描くわけですが、座標は整数で指定する必要があるので、x,yをint関数で整数にしています。これでボールを少しずつ移動させることができます。

　壁にあたったり、床や天井にぶつかったりしたら、ボールははね返らないといけません（図24）。❸、❹がその処理です。

図24 ▶ 壁にあたってはね返り、床にあたってはね返る

　ウィンドウのサイズは 400 × 400 ですので、xの値が、400より大きいか、0より小さいときは壁にあたったと判断します。壁にあたったときは、180 - dir をdirに代入します。

　次ページの図25を見てください。

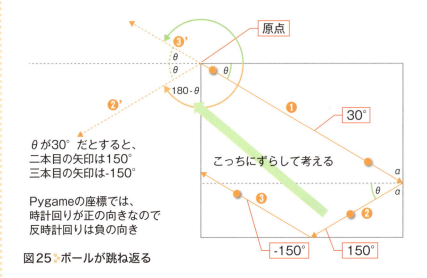

図25 ボールが跳ね返る

　この図では、θが発射角です。αは入射角と反射角です。矢印はボールの進行方向を表しています。30°で発射されたボールは壁にあたって、180 - 30 で150°にはね返ります。なぜ、180 - θ で求まるのかは、❷の矢印を❷'の位置にずらして考えるとわかりやすいでしょう。

　それに対し、y < 0 or y > 400 のとき、つまり、床や天井にあたったときは、dir = -dirで符号を逆転させています。これも❸の矢印を❸'の位置に移動させるとわかりやすいと思いますが、その前に一般角について知っておかなくてはいけません（**図26**）。

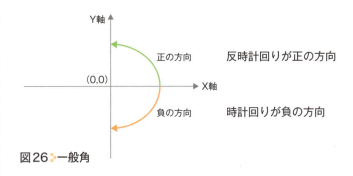

図26 一般角

　角を回転で考えると、回転の量と回転の向きによって、負の角や360°よ

り大きい角が考えられます。このように360°を拡張した角を一般角と呼びます。

　数学の座標では反時計回りが正の方向で、時計回りが負の方向ですが、Pygameの座標では逆になります。図25に戻ってください。❸'の点線を見ると、❸の進行方向が、150°を負の値に反転させた-150°であることがわかります。

　dirが変わるたびにprint関数で出力すると、向きが変わる様子を確認することができます（図27）。

```
*Python 3.6.3 Shell*
Python 3.6.3 (v3.6.3:2c5fed8, Oct  3 2017, 18:11:49) [MSC v.1900 64 bit (AMD64)] on win32
Type "copyright", "credits" or "license()" for more information.
>>>
================= RESTART: C:\py\Python36\pygame_08.py =================
25
155
25
-25
205
-25
25
155
25
-25
205
-25
25
155
```

図27 ▶ dirが変わるたびにprint関数で出力

　print関数の後ろに # for debug とコメントを入れています。Debug（デバッグ）とは、プログラムのバグ（欠陥）を見つけ出し、修正することです。

　デバック作業を支援するデバッガ（Debugger）と呼ばれるツールがとても充実している開発環境もありますが、現在使っているPython IDLEでもDebugメニューからDebuggerを利用することができます。デバッガを使うとプログラムの実行を途中で止めたり、1行ずつ実行したり、処理の途中での変数の値を見たりすることができます。

　でも、どんな開発環境であっても、print関数などで変数の値が自分の意図通りになっているかを表示させることはできます。途中、途中で変数の値を表示させて、確認しながらプログラムを作成していけば、大きな間違いで後戻りすることは少なくなるでしょう。

第8章 ゲームの作成（その1）

スカッシュゲームを作ろう

本章では、第2章でインストールした
統合開発環境PyCharmとこれまでに学んだ知識を使って、
壁打ちゲームを作っていきます。

PyCharmの使い方

　第2章でインストールしたPyCharmを起動しましょう（図1）。スタートメニューからJetBrains、JetBrains PyCharm Community Editionを選択します。

図1　スタートメニューでは「P」ではなくJetBrainsの「J」にPyCharmがある

Welcome to PyCharmの画面が表示されます。この起動画面からできることは、Create New Projectで新しいプロジェクトを作成することと、Openで既存のプロジェクトを開くことです(図2)。

図2 ▸ Welcome to PyCharmの画面

　ここで、いきなりプロジェクトという言葉が出てきて、とまどわれるかもしれませんね。これまで使ってきたPython IDLEではモジュール(拡張子がpyのファイル) 単位でプログラムを作成してきましたが、PyCharmではプロジェクト単位で管理します。1つのプロジェクトに複数のモジュールを作成したり、プログラムで使用する画像をプロジェクトに保存します。つまり、PyCharmは大規模なプログラムの開発がやりやすくなっているのです。
　また、この画面の右下にあるConfigureをクリックして開き、Settings(設定)を選ぶと(図3)、Default Settings(既定の設定)を変更することができます。Configureでは、Check for Updatesを選んで、PyCharmのアップデートがないかを確認して、適用することもできます。

図3 ❖ ConfigureをクリックするとSettingがある

❖ プロジェクトを作成してみる

　Create New Projectを選んで、プロジェクトを新規作成してみましょう。Create New Projectを選ぶと、Locationの指定画面になります（図4）。右側の…ボタンまたはフォルダのマークをクリックしてフォルダを変更することができます。untitledとデフォルトで表示されて部分にプロジェクト名を入力します。

図4 ❖ Locationを指定する。＊＊＊＊はユーザー名

　プロジェクト名として、test_projectと入力しましょう（図5）。右下にあるCreateボタンでプロジェクトを作成します。

図5 ❖ test_projectと入力したところ。＊＊＊＊はユーザー名

すると、test_projectが作成されました。Tip of the DayとしてPyCharmの使い方に関する小さなヒントが表示されます（図6）。Closeを押すと閉じますが、毎回閉じることが面倒なら、Show tips on startupのチェックボックスをオフにしておけば表示されません。

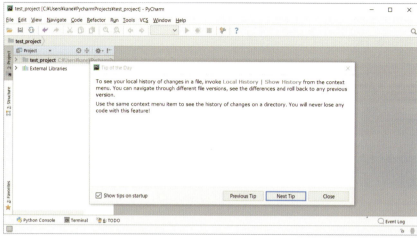

図6　プロジェクトが作成された

　プロジェクトにモジュール（Python File）を追加するには、Projectの下にあるプロジェクト名（test_project）をクリックして選択してから、FileメニューでNewを選び、Python Fileを選択します（図7）。

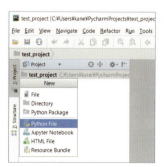

図7　Python Fileを追加する

ファイル名を聞いてくるので、Nameに拡張子を含まない名前を入力します（図8）。ここでは、testと入力しましょう。OKをクリックするとtest.pyが作成されます。

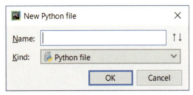

図8 ファイル名を聞いてくる

　これでtest.pyが作成されます（図9）。右側がエディタ・ウィンドウです。ここにコードを記述していきます。エディタとはプログラムをはじめとするテキストを編集するソフトウェアのことです。

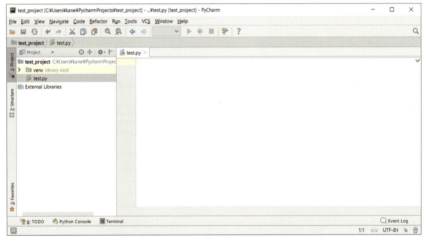

図9 test.pyが作成される

　Fileメニューから、Settings（設定）を選んで設定を変更することができます（図10）。Settings（設定）では、全体と現在のプロジェクトに関する設定をカスタマイズできます。カスタマイズとはユーザーの好みや使い勝手に合わせて、見た目や機能、構成を変更することです。

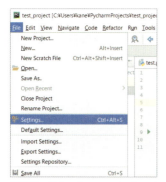

図10 ▸ FileメニューにSettingsがある

PyCharmでのプロジェクトの作り方を説明しましたが、PyCharmの機能とその設定については巻末の補章を参考にしてください。

スカッシュゲーム

それでは、PyCharmでゲームを作っていきましょう。一人遊び用のスカッシュ（壁打ち）ゲームを作成します。squashという名前でプロジェクトを作成しましょう。FileメニューからNew Projectを選んで、新しいプロジェクトを作成します（図11）。プロジェクト名をsquashとします。Createボタンを押します（図12）。

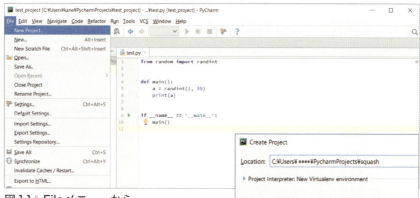

図11 ▸ Fileメニューから
New Projectを選ぶ

図12 ▸ squashと入力します。
＊＊＊＊はユーザー名

設定のAppearance & Behavior（外観および振る舞い）、System Settings（システム設定）、Project opening（プロジェクトのオープン時）の動作でConfirm window to open project in（プロジェクトを開くウィンドウを確認する）が選択されているので、新しいウィンドウでプロジェクトを開くか、現在のウィンドウで開くかを聞いてきます（図13）。Open in current windowにチェックが付いている状態で、OKをクリックします。

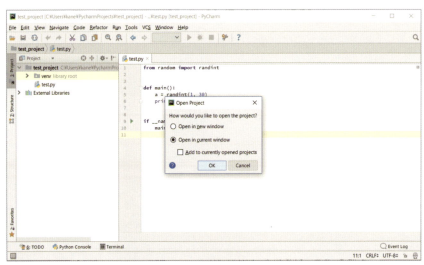

図13 プロジェクトを開くウィンドウの確認

次にプロジェクトにPython Fileを追加します。FileメニューからNewを選び、Python Fileをファイル名squashとして作成しましょう（図14）。このsquash.pyにプログラムを記述していきます。

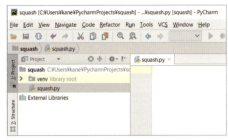

図14 squash.pyが作成される

必要になるであろうモジュールのインポートからコードを書いていきます。sysのインポートは問題ありませんが、pygameのインポート文で、モジュールがないとPyCharmに指摘されます（図15）。No Module named pygame……と表示されていますね。作成したプロジェクトの中にpygameがないのです。

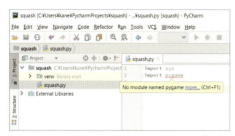

図15 ▶ Pygameモジュールがないと指摘される

FileメニューからSettingsを選んで、Project:squashのProject Interpreterの＋ボタンをクリックします（図16）。

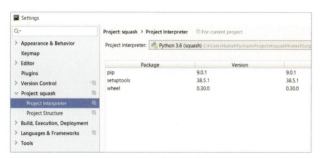

図16 ▶ Project Interpreterでインストールする

虫眼鏡マークの検索欄にpygameと入力してAvailable PackagesからPygameを検索しましょう（図17）。Pygameが選択されている状態で、右下のInstall Packageボタンをクリックします。

Packages 'Pygame' installed successfullyと表示されたら、この画面を閉じます。これで、Packageにpygameが追加されました。OKボタンをクリックして閉じます（図18）。

図17 ▶ Available Packages（利用可能なパッケージ）からpygameを検索する

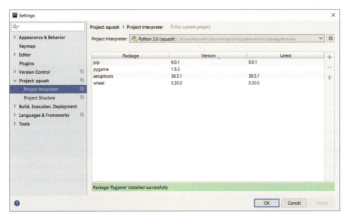

図18 ▶ Packages 'Pygame' installed successfullyと表示する

pygameの下の赤い線が消え、pygameが利用可能になります（図19）。

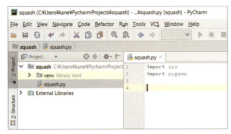

図19 ▶ pygameの下の赤い線が消えている

　スカッシュゲームに出てくる要素は、ボールとラケットと壁です。上から落ちてくるボールを、ラケットを上下左右に動かして、下に落とさないように打ち返します。ボールは上と左右の壁にぶつかってはね返ります（図20）。

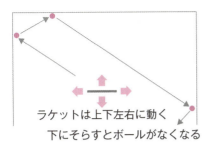

図20 スカッシュゲームのイメージ

コード1 squash.py

```python
import sys
import pygame
from random import randint
from math import sin, cos, radians
from pygame.locals import QUIT, KEYDOWN, K_LEFT, K_RIGHT, K_UP, K_DOWN, Rect

# グローバル
WIDTH = 600
HEIGHT = 600
INIT_SPEED = 10
BALL_SIZE = 20
BALL_COLOR = (180, 180, 180)
RACKET_SIZE = (300, 500, 80, 10)
RACKET_COLOR = (20, 100, 150)
ANGLE = 30

def main():
    pygame.init()
    pygame.key.set_repeat(10, 10)                                    ❶
    clock = pygame.time.Clock()
    surface = pygame.display.set_mode((WIDTH, HEIGHT))
    pygame.display.set_caption("Squah game")
    font = pygame.font.Font(None, 80)
    message_over = font.render("Game Over!", True, (255, 0, 0))
    message_pos = message_over.get_rect()
    message_pos.centerx = surface.get_rect().centerx
    message_pos.centery = surface.get_rect().centery
```

```
ball_num = 3
racket = Rect(RACKET_SIZE)
ball = Rect(surface.get_rect().centerx - 10, 0, BALL_SIZE, BALL_SIZE)
dir = randint(ANGLE, 180 - ANGLE)
speed = INIT_SPEED
game_over = False

while True:                                                          ❷
    for event in pygame.event.get():
        if event.type == QUIT:
            pygame.quit()
            sys.exit()
        elif event.type == KEYDOWN:
            if event.key == K_LEFT:
                racket.centerx -= 10
            elif event.key == K_RIGHT:
                racket.centerx += 10
            elif event.key == K_UP:
                racket.centery -= 10
            elif event.key == K_DOWN:
                racket.centery += 10

    # 判定ボールの移動
    if ball.centery < HEIGHT:                                        ❸
        ball.centerx += cos(radians(dir)) * speed
        ball.centery += sin(radians(dir)) * speed
    else:
        if ball_num > 1:
            ball_num -= 1
            ball.left = surface.get_rect().centerx - 10
            ball.top = 0
            dir = randint(ANGLE, 180 - ANGLE)
        else:
            game_over = True
    if racket.colliderect(ball):                                     ❹
        dir = -(90 + (racket.centerx - ball.centerx) / racket.width * 100)
    if ball.centerx < 0 or ball.centerx > WIDTH:                     ❺
        dir = 180 - dir
    dir = -dir if ball.centery < 0 else dir                          ❻
```

```
        surface.fill((255, 255, 255))
        if game_over:
            surface.blit(message_over, (message_pos))
        pygame.draw.rect(surface, RACKET_COLOR, racket)
        pygame.draw.ellipse(surface, BALL_COLOR, ball)
        pygame.display.update()
        clock.tick(30)

if __name__ == '__main__':
    main()
```

　出てくる要素が少ないので、クラスを作成しないでプログラムを作ります（**コード1**）。全部で80行ほどのプログラムなので、コードの上から順に説明します。

　3行目のimport文はrandomモジュールから、randint関数をインポートしています。スカッシュのボールをウィンドウの上の中央から出すのですが、ボールの発射角をrandint関数を使ってランダムに求めたいからです（**図21**）。

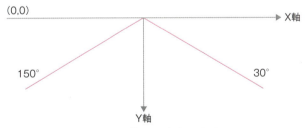

図21 30°から150°の範囲で球出しをする

　randint関数を使って、30°から150°の範囲でランダムに角度を求めます。次にmathモジュールから、sin関数、cos関数、radians関数をインポートします。これらの関数を使ってボールのx軸、y軸の移動距離を求めます。次行ではpygame.localsから上下キーを表す定数やRectクラスをインポー

トすることで、これらを簡潔なコードで使えるようにしています。

　さて、#グローバルのコメント以下の行では、定数を宣言しています。これまで説明したように、Pythonには文法として定数はありませんが、関数の外部にグローバル変数として宣言します。また他の変数と区別しやすいように変数名を大文字にします。

　各定数の意味は**表1**を参照してください。

表1 ▸ squash.pyで使う定数の値と意味

定数	値	内容
WIDTH	600	ウィンドウの幅
HEIGHT	600	ウィンドウの高さ
INIT_SPEED	10	ボールのスピード
BALL_SIZE	20	ボールの大きさ
BALL_COLOR	(180, 180, 180)	ボールの色（RGB）
RACKET_SIZE	(300, 500, 80, 10)	ラケットの大きさ
RACKET_COLOR	(20, 100, 150)	ラケットの色（RGB）
ANGLE	30	ボールの発射角

　main関数に進みましょう。pygame.init()でインポートした全てのpygameモジュールを初期化します。❶のpygame.key.set_repeat(10, 10)が、今回はじめて出てきたコードです。キーを押しっぱなしにした場合の繰り返し入力についての設定です。単位はミリ秒で、引数は順にdelay、intervalです。delay（ディレイ）は最初にKEYDOWNイベントが繰り返されるまでの遅延時間で、interval（インターバル）はKEYDOWNイベントの発生間隔です。pygame.key.set_repeat()を実行しないと繰り返しは起こりません。キーの押しっぱなしでKEYDOWNが連続して発生しないと、キツツキのようにキーをたたき続けなくてはいけないので大変です。

　clock = pygame.time.Clock()でClockオブジェクトを作成して、pygame.display.set_mode((WIDTH, HEIGHT))でウィンドウを作成しSurfaceとして返します。pygame.display.set_caption("Squah game")はウィンド

ウのタイトルをSquah gameと設定します。

　ボールを3個下にそらしたら、ゲームオーバーとしたいので、次行からはGame Over!とウィンドウに表示する準備をします。第7章で説明したようにfont.render()は文字を描写したSurfaceを返します。そのSurface、つまりmessage_overをウィンドウ全体であるsurfaceに重ね合わせることで、Game Over!という文字を画面に表示します。message_posはRectオブジェクトです。ウィンドウ全体であるsurfaceの中央に「Game Over!」が表示されるようにcenterxとcenteryプロパティにウィンドウ全体のcenterxとcenteryプロパティを代入しています。

　変数ball_numにまず、3を代入し、ボールを下にそらしたら、この数を減らしていきます。racket変数とball変数はRect型のオブジェクトです。dirにrandint関数で最初のボールの発射角を求めます。引数がANGLE、180 - ANGLE なので、30から150の間の乱数が発生します。speed変数にはINIT_SPEED、game_overにはFalseを代入します。game_overがTrueになったらゲーム終了です。

　❷のwhile Trueのメインループに進みましょう。pygame.event.get()でイベントキューからイベントを取り出します。取得したイベントタイプがQUIT（終了イベント）だったら、プログラムを終了します。

　イベントタイプがKEYDOWNイベント（キーの押下）だった場合、eventのkeyプロパティで押されたキーを判断します。K_LEFT（左矢印キー）だった場合は、racket.centerx -= 10でラケットを左に移動します。K_RIGHT（右矢印キー）だった場合は、+= 10で右に移動します。K_UP（上矢印キー）だったら、racket.centery -= 10でラケットを上に移動します。K_DOWN（下矢印キー）だったら、+= 10で下に移動します。

　❸のif ball.centery < HEIGHTが成り立つときは、ボールはまだゲームのウィンドウ上にあります。角度（dir）をradians関数でラジアンにして、cos関数、sin関数で求めた値にspeedを掛け、X軸、Y軸の移動距離を求め、Rect型のオブジェクトであるballのcenterx、centeryに足します。これで計算上で、ボールが移動します。

　if ball.centery < HEIGHTが成り立たないときは、ボールの中心がゲー

ムのウィンドウからはみ出したときです。ボールの数（ball_num）が1より大きければ、ボールの数を1減らして、ball.leftプロパティとball.topプロパティの値をボールの出現位置に設定し、dirに発射角を求めます。これで新しいボールが出るわけです。ボールの残数がなければ、変数game_overをTrueにします。

❹のif racket.colliderect(ball)がPygameの便利なところです。Rectクラスのcolliderectメソッドは、自分（ここではracketオブジェクト）と引数に指定したRectオブジェクトが重なっているか調べ、一部分が重なっていればtrueを返します。ゲームに必要な衝突判定が簡単にできるわけです。

次のコードは少し解説が必要ですね。

dir = -(90 + (racket.centerx - ball.centerx) / racket.width * 100)

ラケットにあたったボールがはね返っていく向きを決めるコードですが、dir = -90だとボールはラケットに直角に上にのぼっていくだけです。

(racket.centerx - ball.centerx) / racket.width * 100でラケットのあたりどころによってボールの向きを変えています。

図22のように、ラケット左側にボールがあたった場合は左側に、右側にボールがあたった場合は右側にボールがはね返るようにしています。

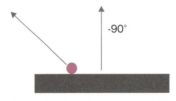
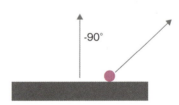

上図のようにラケットにボールが
あたった場合、
racket.centerx＞ball.centerx なので
racket.centerx − ball.centerx は
正の値(aとする)
だから、
90＋a / racket.width ＊ 100 ＞ 90
よって、
−(90 ＋ a / racket.width ＊ 100) の
ボールは矢印の方向に進む

上図のようにラケットにボールが
あたった場合、
racket.centerx＜ball.centerx なので
racket.centerx − ball.centerx は
負の値(aとする)
だから、
90＋a / racket.width ＊ 100 ＜ 90
よって、
−(90 ＋ a / racket.width ＊ 100) の
ボールは矢印の方向に進む

図22 ラケットのあたりどころによってボールの向きを変える

❺の処理はボールが壁にぶつかった場合の処理です。詳細は第7章を参照してください。❻は、ボールが上にぶつかった場合の処理ですが、dir = -dir if ball.centery < 0 else dirと三項演算子を使って書いてみました。if ball.centery < 0が成り立たないときは、dirの値を変える必要がないので、

```
if ball.centery < 0:
    dir = -dir
```

と書くのと同じです。

　surface.fill()以降で描画をします。surface.fill((255, 255, 255))は、surfaceオブジェクトを白く塗りつぶします。

　game_overが真のとき、Surfaceオブジェクトのblitメソッドで同じくSurfaceオブジェクトであるmessage_overをウィンドウ全体であるsurfaceに描写します（**図23**）。次行ではpygame.draw.rect()にRect型のオブジェクトracketを渡して、ラケットを描画します。

図23 ▶ Game Over!の表示

　また、衝突判定のためにボールもRect型のオブジェクトにしたかったのでpygame.draw.ellipse()にballを渡して、楕円を描いています。pygame.draw.ellipseメソッドは指定した四角形に内接する楕円を描画します。pygame.display.update()は画面を更新します。clock.tick(30)として、一秒間に30フレームのフレームレートを指定しています。当然、このフレームレートを大きくすればボールは速く動き、小さくすればゆっくりと動きます。

ゲームを改良する

　作ったゲームで少し遊んでみてください。プログラムを実際に使ってみると欠点に気づいたり、改良したいところが出てくるものです。

　欠点：ラケットがウィンドウからはみ出して、どこにあるのかわからなくなってしまう。

　そうですね。矢印キーをある方向に押し続けていると、**図24**のようにウィンドウからはみ出して、しまいには表示されなくなってしまいますね。ラケットの移動範囲に制限をかけた方がよさそうです。

図24 ラケットがウィンドウからはみ出てしまう

　それには、Rectクラスのオブジェクトであるracketのleft、right、top、bottomプロパティを使います。

　event.type == KEYDOWN（イベント・タイプがキーダウン）だった時の処理をキーダウン時の処理の改良①のコードのように書き直しました。

コード2 キーダウン時の処理の改良①

```
    elif event.type == KEYDOWN:
        if event.key == K_LEFT and racket.left > 0:
            racket.centerx -= 10
        elif event.key == K_RIGHT and racket.right < WIDTH:
            racket.centerx += 10
```

```
        elif event.key == K_UP and racket.top > 0:
            racket.centery -= 10
        elif event.key == K_DOWN and racket.bottom < HEIGHT:
            racket.centery += 10
```

　このように、racketの左右、上下がコートに見立てたウィンドウからはみ出さないように、ウィンドウのサイズと比較してはみ出していない時だけラケットを動かすようにします。

　改良点：小さい子に遊ばせるとボールをすぐに後ろにそらしてしまい、とてもくやしがる。

　自分の作ったプログラムを人に使ってもらうのは楽しいものですが、予想もしなかったクレームを受けることもあります。どうすれば、ボールをそらしにくいかと考えると、ボールよりもラケットが速く移動すれば打ち返すことが簡単になりますね。

　このプログラムでは、ボールとラケットの一回の移動量がどちらも10と等しいので、同じスピードで動きます。ですから、キーダウン時の処理の改良②のようにラケットの移動量を大きくすると、ラケットがボールより速く動いて、そらしても追いかけられるようになります。

コード3　キーダウン時の処理の改良②

```
    elif event.type == KEYDOWN:
        if event.key == K_LEFT and racket.left > 0:
            racket.centerx -= 15
        elif event.key == K_RIGHT and racket.right < WIDTH:
            racket.centerx += 15
        elif event.key == K_UP and racket.top > 0:
            racket.centery -= 15
        elif event.key == K_DOWN and racket.bottom < HEIGHT:
            racket.centery += 15
```

　それでもダメならラケットを大きくするとかラケットを2つにするとかいろいろいじってみると、もっと楽しいゲームになるかもしれません。

第9章
ゲームの作成（その2）

弾幕系シューティングゲームを作ろう

最終章である本章では、引き続きゲームを作りましょう。
ここで作る弾幕系シューティングゲームでは、
同じようなモノをたくさん出したいのでクラスを使います。

　宇宙船が隕石帯を超えていくゲームを作りましょう。名前は、スペースボイジャーです。
　space_voyagerというプロジェクト名で新規プロジェクトを作成します。python fileをspace_voyagerという名前で追加しましょう。モジュールは、今回もspace_voyager.pyだけです。
　今回は画像ファイルをいくつか使います。そのため、画像加工・編集ソフトで隕石や宇宙船を描きます。筆者はフリーのGIMP（https://www.gimp.org/）を使って表1のような画像を描きました。

表1 画像ファイル。space_voyagerで使用する

ファイル名	内容	背景透過	サイズ（ピクセル）	見た目
back.jpg	背景	しない	600 X 600	
rock.png	隕石	透過	40 X 40	
ship.png	宇宙船	透過	50 X 50	
missile.png	ミサイル	透過	10 X 10	
explode.png	爆発	透過	50 X 50	

　作成した画像はプロジェクトに追加します（図1）。たとえば、ピクチャフォルダに作った画像ファイルを選択して、CTRL + Cなどでコピーしま

す。そして、PyCharmに戻り、space_voyagerプロジェクトを選択した状態でCTRL + Vなどでペースト（貼り付け）します（図2）。

図1 ピクチャフォルダに画像を配置

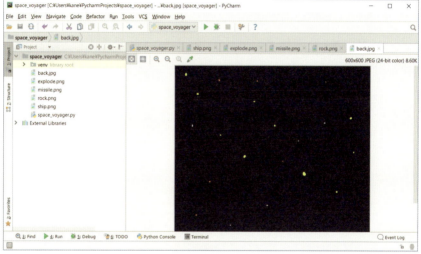

図2 画像ファイルをプロジェクトに追加

　これで、プログラムから画像ファイルを扱えるようになります。back.jpgはゲームのウィンドウいっぱいに表示する背景なので、背景を透明にする必要はありません。そのため、jpg形式で作成しています。ほかの画像は背景の上を動かしたいので、背景を透明にして作成し、png形式で保存しました。
　もう1つ、必要な準備はPygameのインストールです。Fileメニューから

Settingsを選んで、Project:space_voyagerの中のProject Interpreterの＋ボタンをクリックします。

　眼鏡マークの検索欄にpygameと入力してAvailable Packagesからpygameを検索して、インストールしてください（操作に迷ったら、前章を参照してください）。

コード1：space_voyager.pyのクラス定義まで

```
import sys
from math import radians, sin, cos
from random import randint
import pygame
from pygame.locals import QUIT, KEYDOWN, KEYUP, K_SPACE, K_LEFT, K_RIGHT, K_UP, K_DOWN, Rect

# グローバル
WIDTH = 600
HEIGHT = 600
MISSILE_MAX = 5

class Rock():
    def __init__(self, x, y ):
        self.rect = Rect(0, 0, 25, 25)
        self.rect.center = (x, y)
        self.explode = False
        self.image = pygame.image.load("rock.png").convert_alpha()
        self.burst = pygame.image.load("explode.png").convert_alpha()
        self.theta = randint(150, 180)
        self.speed = randint(2, 10)
        self.x_move = cos(radians(self.theta)) * self.speed
        self.y_move = sin(radians(self.theta)) * self.speed

    def draw(self):
        rotated = pygame.transform.rotozoom(self.image,self.theta, 1.0)
        rect = rotated.get_rect()
        rect.center = self.rect.center
        SURFACE.blit(rotated, rect)
        if self.explode:
            SURFACE.blit(self.burst, rect)
```

```python
    def move(self):
        self.theta += 5
        rect = self.rect.center
        xpos = (rect[0] + self.x_move) % WIDTH
        ypos = (rect[1] + self.y_move)
        self.rect.center = (xpos, ypos)

class Ship():
    def __init__(self):
        self.rect = Rect(WIDTH / 2 , HEIGHT - 50, 25, 25)
        self.explode = False
        self.image = pygame.image.load("ship.png").convert_alpha()
        self.burst = pygame.image.load("explode.png").convert_alpha()

    def draw(self):
        rect = self.image.get_rect()
        rect.center = self.rect.center
        SURFACE.blit(self.image, rect)
        if self.explode:
            SURFACE.blit(self.burst, rect)

class Missile():
    def __init__(self, x, y):
        self.rect = Rect(0, 0, 5, 5)
        self.rect.center = (x, y)
        self.speed = 20
        self.image = pygame.image.load("missile.png").convert_alpha()
        self.x_move = 0
        self.y_move = sin(radians(-90)) * self.speed

    def draw(self):
        rect = self.image.get_rect()
        rect.center = self.rect.center
        SURFACE.blit(self.image, rect)

    def move(self):
        rect = self.rect.center
        xpos = (rect[0] + self.x_move)
        ypos = (rect[1] + self.y_move)
        self.rect.center = (xpos, ypos)
```

では、**コード1**に示したspace_voyager.pyを見ていきます。今回はじめて、100行を超えるプログラムになったので部分的に理解していきましょう。モジュールのインポートについては、squash.pyとほぼ同じです。違いは、pygame.localsから矢印キーに加えて、スペースキー（K_SPACE）定数をインポートしているところです。スペースキーが押されたら、ミサイルを発射するためです。

　グローバルで宣言しているのはウィンドウの幅（WIDTH）、高さ（HEIGHT）と、発射できるミサイルの数（MISSILE_MAX）です。

　以降はクラス宣言です。たくさんの隕石（Rock）が降り注ぐ中を宇宙船（Ship）が隕石をくぐりぬけて進みます（**図3**）。

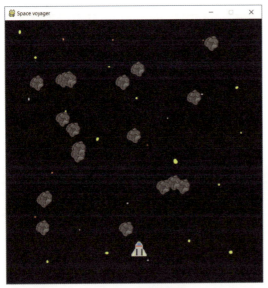

図3 Space voyagerの実行画面

　Shipはミサイル（Missile）を数発、撃つことができます。このように同じようなモノがたくさん出てくるときはクラス定義をして、クラスからオブジェクトを生成し、リストに格納して扱います。

　まずは、Rockクラスのプロパティとメソッドを**表2**に示します。

表2 ● Rock（隕石）クラス

プロパティ	内容	備考
rect	描画する四角形（位置と大きさ）	
explode	爆発したか	
image	表示する画像イメージ	
burst	ミサイルで爆発したときのイメージ	
theta	隕石が移動する角度	150°から180°の間の乱数
speed	隕石の移動スピード	2から10の間の乱数
x_move	x軸の移動量	
y_move	y軸の移動量	

メソッド	内容	備考
draw	隕石を回転させて描画する	
move	隕石を移動する	

　では、Rock（隕石）クラスを見ていきます。thetaは隕石が移動する角度です。150°から180°の範囲で乱数を生成することで、進む方向にバラツキを持たせます。隕石の移動スピード（speed）も2から10の間の乱数を生成することで、速く進む隕石とゆっくり進む隕石を作ります。

　x_moveにはthetaとspeedから、cos関数を使ってx軸の一回あたりの移動量を求めます。y_moveにはthetaとspeedから、sin関数を使ってy軸の一回あたりの移動量を求めます。radians関数は角度をラジアンに変換します。

　コンストラクタ（__init__）以外のメソッドは、隕石を描画するdrawメソッドと隕石を移動するmoveメソッドです。drawメソッドでは、pygame.transform.rotozoomで隕石を回転させています。rotozoomは画像の拡大縮小と回転を同時に行います。第1引数がSurface、第2引数がangle（角度）、第3引数がscale（スケール）です。ここではscaleに1.0を指定しているので大きさは変わりません。angleにはself.thetaを指定しています。

thetaにはmoveメソッドで += 5 と5を足しているので隕石が回転します。x_move、y_moveにはコンストラクタでx軸、y軸の移動量を求めていますので、それを現在の位置に足すことで隕石の位置を計算しますが、xposには％WIDTHとして、WIDTH（ウィンドウ横幅）で割った余りを代入しています。目的は、ウィンドウの左端に消えていった隕石を右端から再度、出現させることです。隕石（**図4**）はミサイルで破壊されない限り減りません。

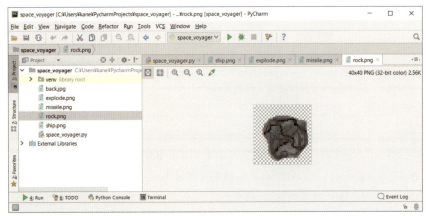

図4 隕石

　def __init__ で始まるコンストラクタに再度、注目してください。Rect(0, 0, 25, 25)として、rectオブジェクトを生成しています。rectオブジェクトは隕石の場所と大きさを示します。rock.pngの大きさは40 x 40なのに、rectの大きさは25 x 25です。その理由は、40 x 40は隕石の周りの透明部分を含む大きさだからです。rectオブジェクトの大きさでミサイルや宇宙船とぶつかっているか重なり判定をするので、40 x 40でrectオブジェクトを生成すると、見た目にはまだぶつかっていないのに、ぶつかっていると判断してしまいます。それを避けるために画像サイズよりrectオブジェクトのサイズは少し小さくします。

　次に、Shipクラスのプロパティとメソッドを**表3**に示します。

表3 ◦ Ship（宇宙船）クラス

プロパティ	内容	備考
rect	描画する四角形（位置と大きさ）	
explode	爆発したか	
image	表示する画像イメージ	
burst	隕石にぶつかって爆発したときのイメージ	

メソッド	内容	備考
draw	宇宙船を描画する	

　Ship（宇宙船）クラスのrectもコンストラクタを見るとわかるように少し小さくしています。ブール型のexplodeプロパティがあり、imageが宇宙船のイメージです。burstは爆発したときのイメージです。

　Shipクラスのメソッドはdrawメソッドだけです。Shipオブジェクトは矢印キーの押下で動くので、moveメソッドはありません。drawメソッドの中では、SURFACE.blit(self.image, rect)で宇宙船を描いてから、explodeプロパティがTrueだったら、SURFACE.blit(self.burst, rect)で爆発の画像を宇宙船に重ね合わせます（図5）。このようにして爆発らしくみせています。

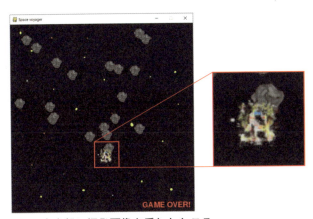

図5 ◦ 宇宙船に爆発画像を重ねたところ

表4 ▸ Missile（隕石）クラス

プロパティ	内容	備考
rect	描画する四角形（位置と大きさ）	
speed	隕石の移動スピード	20
image	表示する画像イメージ	
x_move	x軸の移動量	0
y_move	y軸の移動量	sin(radians(-90)) * self.speed
メソッド	内容	備考
draw	ミサイルを描画する	
move	ミサイルを移動する	

　Missileクラス（表4）はrectプロパティとspeedプロパティを持ちます。speedは20で一定です。

　ミサイルはまっすぐ上に向かって飛ぶので（図6）、x_moveプロパティは0で、y_moveはsin(radians(-90)) * self.speedで移動量を求めています。

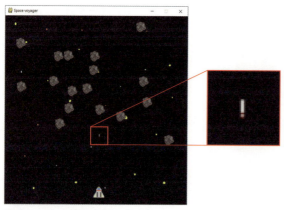

図6 ▸ ミサイルを発射したところ

　Missileクラスのメソッドはdrawメソッドとmoveメソッドです。

コード2 space_voyager.pyの実行部分

```python
pygame.init()
pygame.key.set_repeat(10, 10)
SURFACE = pygame.display.set_mode((WIDTH, HEIGHT))
pygame.display.set_caption("Space voyager")

def main():
    message_font = pygame.font.SysFont(None, 36)
    message_clear = message_font.render("CLEARED!!!", True, (0, 0, 225))
    message_over = message_font.render("GAME OVER!", True, (255, 0, 0))
    message_rect = message_clear.get_rect()
    message_rect.center = (WIDTH - 100 , HEIGHT - 20)

    keylist = []                                                          ❶
    rocks = []
    missile_count = 0
    on_fire = False
    back_image = pygame.image.load("back.jpg").convert()
    back_rect = back_image.get_rect()
    clock = pygame.time.Clock()
    ship = Ship()
    game_over = False
    while len(rocks) < 20:                                                ❷
        rock = Rock(randint(500, WIDTH), randint(30, HEIGHT - 200))
        rocks.append(rock)

    while True:
        for event in pygame.event.get():
            if event.type == QUIT:
                pygame.quit()
                sys.exit()
            elif event.type == KEYDOWN:                                   ❸
                if event.key not in keylist:
                    keylist.append(event.key)
            elif event.type == KEYUP:
                keylist.remove(event.key)
            if K_LEFT in keylist:
                ship.rect.centerx -= 3
            elif K_RIGHT in keylist:
                ship.rect.centerx += 3
            elif K_UP in keylist:
```

```
            ship.rect.centery -= 5
        elif K_DOWN in keylist:
            ship.rect.centery += 5

    if not game_over:                                                    ④
        if ship.rect.centery < 20:
            game_over = True
        for rock in rocks:                                               ⑤
            rock.move()
            if rock.rect.colliderect(ship.rect):
                ship.explode = True
                game_over = True
        for rock in rocks:                                               ⑥
            if rock.rect.centery > 500:
                rock.rect.centerx = randint(500, WIDTH)
                rock.rect.centery = randint(100, HEIGHT - 100)
        if on_fire:                                                      ⑦
            missile.move()
            if missile.rect.centery < 20:
                on_fire = False
                missile = None
        for rock in rocks:                                               ⑧
            if rock.explode:
                rocks.remove(rock)
        if on_fire:                                                      ⑨
            for rock in rocks:
                if rock.rect.colliderect(missile.rect):
                    rock.explode = True
        if K_SPACE in keylist:                                           ⑩
            if missile_count < MISSILE_MAX:
                if not on_fire:
                    missile = Missile(ship.rect.centerx, ship.rect.centery)
                    missile_count += 1
                    on_fire = True

    SURFACE.fill((0, 0, 0))                                              ⑪
    SURFACE.blit(back_image, back_rect)
    for rock in rocks:
        rock.draw()
    ship.draw()
    if on_fire:
```

```
                    missile.draw()
            if game_over:
                if not ship.explode:
                    SURFACE.blit(message_clear, message_rect.topleft)
                else:
                    SURFACE.blit(message_over, message_rect.topleft)
            pygame.display.update()
            clock.tick(10)

if __name__ == '__main__':
    main()
```

　space_voyager.pyの実行部分が**コード２**です。pygame.init()からの４行は、これまでも見てきましたね。pygameを初期化して、キーを押しっぱなしにした場合の繰り返し入力についての設定をして、指定したサイズでSurfaceオブジェクトSURFACEを生成しています。SURFACEオブジェクトはグローバル変数です。set_caption()でウィンドウのタイトルをSpace voyagerにしています。

　main関数に進みましょう。最初の５行はゲームをクリアしたときとゲームオーバーになったときの文字の表示の準備です。そのコードを説明する前に、このゲームの説明をしないといけませんね。宇宙船を矢印キーで操作し、隕石帯を超えて、ウィンドウの上端まで移動させたら、ゲームクリアです。次の画像のようにCLEARED!!!を表示を出してゲーム終了です（**図7**）。

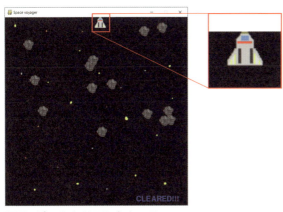

図7 ゲームクリアしたところ

邪魔な隕石をスペースキーでミサイルを発射して爆破することができます。図8の画像が隕石を爆破したときの画像です。

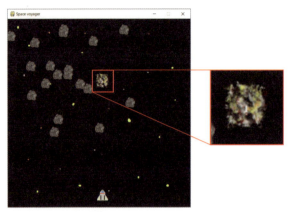

図8 ◆ミサイルが隕石にぶつかったところ

　message_clear、message_overは文字を表示するためのSurfaceです。message_rectは文字の表示位置、大きさを示すRectです。
　さて、次が今回のプログラムの特徴的なところです。keylistは押されたキーを記憶するためのリストです❶。これまでのプログラムでは、押されたキーを判断して、すぐに処理を実行していましたが、今回は押されたキーをkeylistにいったん保存します。矢印キー以外にスペースキーを使うからです。矢印キーでShipを移動させる処理とスペースキーでミサイルを発射する処理を別に行うために、押されたキーをkeylistに格納します。
　rocksリストにはRockクラスから生成したRockオブジェクトを格納します。missile_countにはミサイルを発射するごとに1を足します。MISSILE_MAXと比較してミサイルの残数を管理します。on_fireはミサイルを発射中かどうかのブール値を代入します。Shipから発射したミサイルは、ウィンドウの上端まで達すると消えます。
　背景画像にはback.jpgをload()します。ship = Ship()でShipクラスのオブジェクトshipを生成します。game_overはゲームの終わりを示すブール値です。
　❷のwhileループでRockクラスのオブジェクトrockを生成し、rocks

リストに追加（append）します。rockは20個生成します。

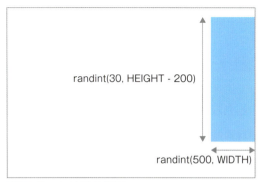

図9 ◦ Rockの出る範囲

　randint関数を使って、x軸、y軸の位置を決めますが、図9のように発生場所を限定しています。この範囲から、左側に向かって隕石群は移動します。

　❸に進みましょう。event.typeがKEYDOWNのとき、押されたキーがkeylistになければ、keylistに追加します。not in演算子を使えば、event.key not in keylistでリストに存在するかどうかを簡単に確認できますね。KEYUPのときは、keylist.remove(event.key)で（押された後、）離されたキーをkeylistから削除します。

　以降では、たとえば、if K_LEFT in keylist:でkeylistに左矢印キーなどがあれば、ship.rect.centerx -= 3して矢印の方向にshipを移動させます。

　game_overがTrueでない場合❹の処理を順に見ていきましょう。ship.rect.centery < 20のとき、Shipがウィンドウの上端に達したと考え、game_overをTrueにします。

　for rock in rocksのループ❺がリストを使う便利なところです。rocksリストからrockオブジェクトを1つずつ取り出し、moveメソッドで動かします。そして、rectオブジェクトのcolliderectメソッドでship.rectと重なっていないか確認し、重なっている場合はship.explode、game_overをTrueにします。

　❻のfor rock in rocksのループはy軸の値が500より大きくなったrockオブジェクトをもう一度、ウィンドウの右上側から出現させるための処理

です。randint(100, HEIGHT - 100)と最初に出現させた位置（randint(30, HEIGHT - 200)）に比べると下に下がっているのは、Shipがまだ上に移動していない場合に、ShipにRockが迫っていく感じを出すためです。

　on_fireがTrueのとき❼、missile.move()でミサイルを動かします。ミサイルがウィンドウの上端に達したら、on_fireをFalseにして、missileオブジェクトにNoneを代入してオブジェクトを削除します。

　❽のループでは、ミサイルで爆発したrockオブジェクトをリストから削除します。これで隕石の数が減ります。

　on_fireがTrueのときは❾、rockがmissileと衝突していないかを確認します。衝突していれば、rock.explodeをTrueにします。

　keylistにK_SPACE（スペースキー）があるとき❿、missile_countがMISSILE_MAXより小さくて、現在ミサイルが発射されていなければ、引数にship.rect.centerx, ship.rect.centery を指定してmissileをshipの中央から発射します。そして、missile_countを1アップして、on_fireをTrueにします。

　⓫以降が実際の描画処理です。rock.draw()が隕石を描画しますが、上の処理で❽のループ内のrock.explodeがTrueのrockをrocks.remove(rock)でリストから削除する処理の後に、❾のミサイルがrockにあたったときにexplodeをTrueにする処理を実行しているので、隕石の爆発が描画されます。逆の順番にすると、爆発が描画される前に隕石がリストから削除されるので消えるだけになります。気を付けてください。

　rock.draw()に続いて、ship.draw()で宇宙船を描画して、on_fireがTrueのときは、ミサイルを描きます。game_overがTrueのときは、メッセージを表示しますが、宇宙船が爆発しているときとそうでないときで描画するメッセージを変えています。GAME OVER!かCLEARD!!!を表示します。

　このサンプルの隕石のようにたくさんモノが出てきて違う動きをするときにはクラスを作成すると、短いコードでプログラミングできます。

❖ PyCharmを使ったデバッグ

　PyCharmのような統合開発環境を使うメリットのひとつは、豊富なデ

バッグ機能を利用できることです。ブレークポイントを設定して変数の値を見る。ステップ実行して、変数の値が変わっていくことを確認することで、プログラムが意図通りの動作をしているかを検証できます。

ブレークポイントとはプログラムを一時停止させる個所です（図10）。

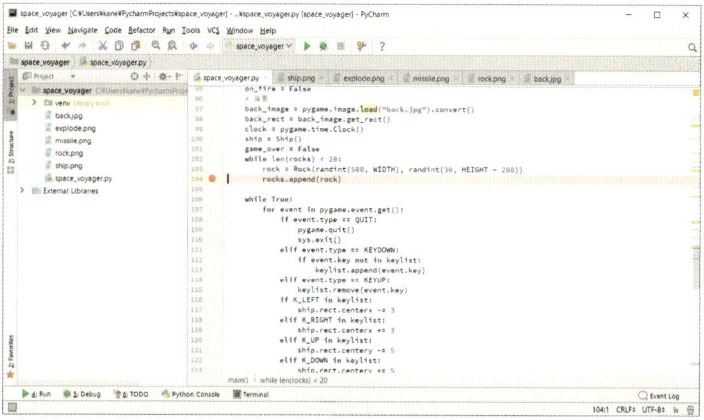

図10 rocksリストにrockを追加する行にブレークポイントを追加した

PyCharmでブレークポイントを設定するには、一時停止させたい行の左端のグレーの部分をクリックします。そうすると、ブレークポイントを示す赤い丸が表示されます。この例ではrocksリストにrockを追加する行にブレークポイントを追加しました。ブレークポイントを削除したいときは、ブレークポイントを示す赤い丸をもう一度、クリックします。

デバッグ（Debug）実行するには、RunメニューからDebugを選びます（図11）。

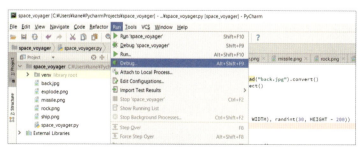

図11 RunメニューからDebugを選ぶ

space_voyager（実行するプログラム）をクリックして選択すると、デバッグ実行が始まります（図12）。

図12 space_voyagerをクリックする

ブレークポイントで停止して、下のウィンドウにVariables（変数）が表示されます。変数の左の「>」をクリックすると、変数の内容が展開します（図13）。

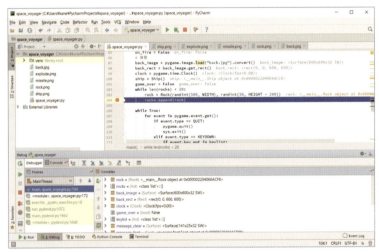

図13 ブレークポイントで停止する

rockの左側の「>」をクリックしたので、rockオブジェクトのプロパティが表示されました。乱数で設定しているspeedが5で、thetaが150°になっていることがわかります（図14）。

図14 rockオブジェクトのプロパティ

　この時点で、RunメニューからStep Overを選ぶ、もしくはF8を押すとステップ実行することができます（図15）。Step Over（ステップ・オーバー）の下に、Step Into（ステップ・イントゥー）がありますが、Step Intoはその行で関数呼び出しをしているときなどにその関数の内部に入っていく実行方式です。

　Step Overを押すと、while文の行に進みます（図16）。このようにして1行ずつ実行していくことができます。

図15 ステップ実行する

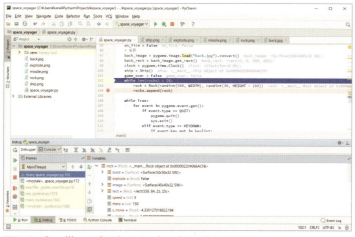

図16 青い帯の反転がwhile文の行に進む

RunメニューからRun to Cursorを選ぶと（図17）、カーソルのある行まで実行されます。

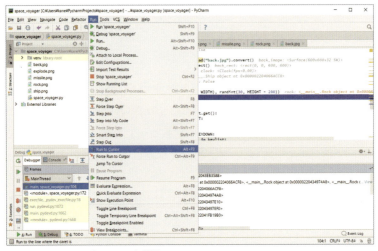

図17　Run to Cursorを選ぶ

　止めたい行にカーソルを置いて（止めたい行を選択して）Run to Cursorを使うと、rocksリストやrockオブジェクトの変化がわかります（図18）。

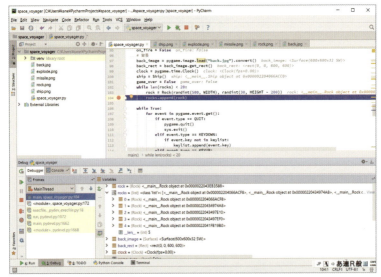

図18　rocksリストにrockオブジェクトが格納されている

ツールバーの赤い四角のボタンをクリックするとデバッグ実行は終了します。
　PyCharmのデバッグ機能を使うと、変数が一覧できて、かつ詳細まで見えるのでプログラムのデバッグが進みますね。

補章

PyCharmの機能を知ろう

　ここでは、第8章で利用するPyCharmの代表的な機能を紹介します。Settings（設定）でカスタマイズできる機能を見ると、PyCharmの特徴がつかみやすいでしょう。

　FileメニューからSettings（設定）を選びましょう（図1）。

図1 ► FileメニューからSettings（設定）を選ぶ

・Appearance & Behavior（外観および振る舞い）でAppearance（外観）を選んで、UI Option（UIオプション）でTheme（テーマ）を変更することができます（図2）。

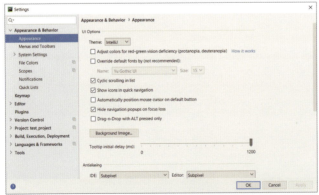

図2 ► Appearance & Behavior（外観および振る舞い）

ThemeのドロップダウンリストでIntellij、Darculaといったテーマが選択できます。たとえば、テーマをDarculaにすると、背景が黒になります。

・Appearance & Behavior（外観および振る舞い）でmenus and Toolbars（メニューとツールバー）を選んで、メニュー項目やツールバーの項目をカスタマイズすることができます（図3）。

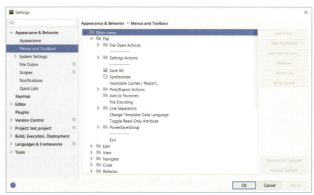

図3 メニューやツールバーをカスタマイズできる

・Appearance & Behavior（外観および振る舞い）でSystem Settings（システム設定）を選んで、Startup/Shutdown（開始/シャットダウン）の動作を指定することができます（図4）。

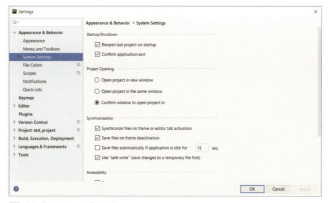

図4 System Settings

☐Reopen last project on startup（スタートアップ時に最後に使用したプロジェクトを再開する）のチェックボックスをオンにすると、PyCharmの起動時に最後に開いたプロジェクトを再度開きます。続けて、プログラミングするときに便利です。

☐Confirm application exit（アプリケーション終了時に確認する）のチェックボックスをオンにすると、PyCharmを閉じるときに警告メッセージが表示されるようになります。

・Appearance & Behavior（外観および振る舞い）でSystem Settings（システム設定）を選んで、Project opening（プロジェクトのオープン時）の動作を指定することができます（図4参照）。

以下のオプションが選択できます。

○Open project in new window（新しいウィンドウでプロジェクトを開く）

このラジオボタンを選択すると、新しいプロジェクトを常に新しいウィンドウで開きます。

○Open project in the same window（同じウィンドウでプロジェクトを開く）

このラジオボタンを選択すると、現在のプロジェクトを常に閉じ、同じウィンドウでプロジェクトを開きます。

○Confirm window to open project in（プロジェクトを開くウィンドウを確認する）

このラジオボタンを選択すると、新しいプロジェクトを同じウィンドウ、または新しいウィンドウで開くかどうかを確認してくれます。

・Appearance & Behavior（外観および振る舞い）でSystem Settings（システム設定）を選んで、Updates（更新）の動作を指定することができます（System Settingsの左端の>をクリックします）。PyCharm自身のアップデートのことです（図5）。

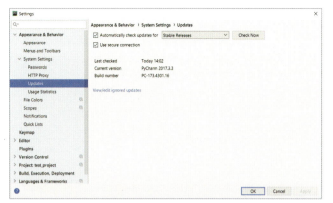

図5 ▶ Updates

☐ Automatically check for updates for（更新を自動的に確認する）

このチェックボックスをオンにすると、自動更新機能が有効になり、目的の更新チャネル（安定版など）が選択されます。

チャネルとしては以下がドロップダウンリストで選択できます。

Early Access Program（早期アクセス・プログラム）

Beta Releases or Public Previews（ベータ版または公開プレビュー）

Stable Releases（安定リリース）

慣れない内は、Stable Releasesを選択することをお薦めします。

☐ Use secure connection（セキュア接続を使用する）のチェックボックスをオンにすると、アップデートにセキュア接続プロトコル（HTTPS）が使用されます。

また、Check Now（今すぐ確認する）ボタンをクリックすると、今すぐ更新を確認できます。

・Editor（エディタ）、General（一般）、Auto Import（自動インポート）を選んで、Pythonの項で、インポートポップアップダイアログボックスの表示とインポートステートメントのスタイルを設定できます（図6）。

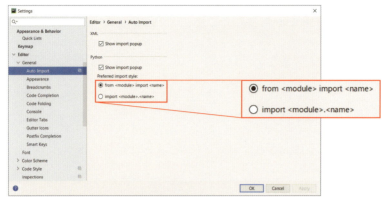

図6 ► Auto Import

□ Show import popup（インポートポップアップを表示する）にチェックを付けた場合、インポートステートメントがないクラスの名前を入力すると、インポートポップアップダイアログボックスを自動的に表示します。（XMLとPythonの両方にShow import popupがありますが、Pythonの下のチェックボックスにチェックを付けた場合のことです）

Preferred import style（インポート・スタイル）では生成されるインポートステートメントのスタイルを選択します。選択可能なオプションは次のとおりです。

　〇 from <module> import <name>
　〇 import <module>.<name>

　たとえば、図6のようにfrom <module>...に設定して、randintと入力すると（図7）、インポートポップアップダイアログボックスが表示されるので、Alt + Enterを押すと、from random import randintというインポート文が生成されます（図8）。このAuto ImportはPyCharmの便利な点の1つです。

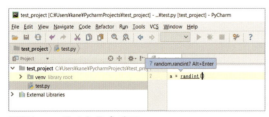

図7 ► randintと入力する

図8 randintというインポート文が生成される

・Editor（エディタ）、General（一般）、Appearance（外観）を選んで、エディタの外観をカスタマイズすることができます（図9）。

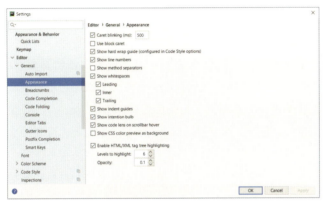

図9 EditorのAppearance

□Caret blinking (ms)（キャレット点滅（ミリ秒））チェックボックスをオンにすると、指定した間隔（ミリ秒単位）でキャレットが点滅します。キャレットとは現在の文字の入力位置を示す記号で、PyCharmでは黒い縦棒のことです。Show line numbers（行番号の表示）のチェックボックスを選択すると、左側に行番号が表示されます。

・Editor（エディタ）、General（一般）、Code Completion（コード補完）を選んでコード補完の動作をカスタマイズすることができます（図10）。

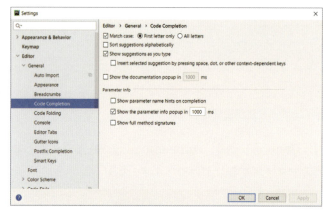

図10 ▶ Code Completion

　Match caseのチェックボックスにチェックが入っている状態だと、PyCharmがコード補完にマッチすると判断するときの大文字と小文字の区別を考慮する度合いを選択できます。ラジオボタンFirst letter onlyがオンだと、最初の文字だけ区別します。All lettersがオンだと、全ての文字を区別します。

　逆にMatch caseのチェックボックスにチェックが入っていない状態だと、大文字小文字の区別をしません。

　First letter onlyを選択するとpRと入力してもprintが候補になります（図11）。候補の中から、上下矢印で選択して、Enterで選択することができます。このように引数まで表示してくれますので、PyCharmを使うと関数の書式がうろ覚えでもプログラミングが進みます。

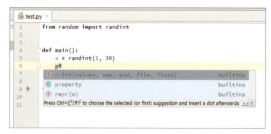

図11 ▶ First letterを選択するとpRと入力してもprintが候補になる

・Editor（エディタ）、Fontを選んで、Fontの種類、サイズを変更することができます（図12）。

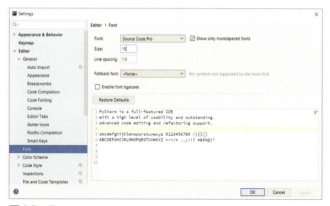

図12 Font

Fontでフォントを選択できます。
Sizeでフォントサイズを変更できます。
Line spacingで行と行の間隔を変更できます。

・Editor（エディタ）、Code Style、Pythonを選んで、Pythonの書式を設定することができます（図13）。
Tabs and Indentsの項で、タブとインデントの設定ができます。

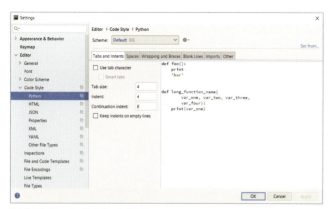

図13 Code StyleのPython

□Use tab character（タブ文字を使用）のチェックボックスをオンにすると、タブ文字が使用されます。チェックボックスをオフにすると、PyCharmはタブの代わりにスペースを使用します（本書ではオフで使用します）。

Tab size（タブ・サイズ）はタブに含まれるスペースの数を指定します。

Indent（インデント）はインデントレベルごとに挿入するスペース（またはUse tab characterチェックボックスがオンの場合はタブ文字）の数を指定します。

・Project: プロジェクト名（現行プロジェクト）ではプロジェクトのインタープリタとプロジェクトの構造を変更できます（図14）。

Python2系とPython3系の2つがインストールされているときなどに、インタープリタを選択することができます。説明は省略しましたが、もちろん、プロジェクト作成時にインタープリタを選択することもできます。

図14 ▶ Project：プロジェクト名のProject Interpreter

おわりに

　実は本書を描き終えた今、Pythonの学習コストの低さにあらためて感心しています。筆者は、ソフトウェア開発者でプログラミング系のライターなので、常に新しい言語の勉強をしています。ここ数年で勉強したプログラミング言語は、Swift、Kotlin、Go、Pythonです。

　何をどれだけ勉強したかは、スプレッドシート（表計算ソフト）に記録して集計しています。Swift、Kotlinは70〜80時間くらい勉強してもまだ、使える気はしませんでした（もちろん、勉強は続けています）。しかし、Pythonは20〜30時間くらい勉強した時点で、もう使える気がしました。もちろん、筆者はこれまで7、8種類のプログラミング言語を経験していますので、初めて勉強する人はもっと時間がかかるかと思いますが。

　Pythonは他のプログラミング言語に比べて、本当に読みやすく書きやすい言語なのです。そして、用途が広いので、いつかあなたの役に立つはずです。

■ 金宏 和實（かねひろ かずみ）

1961年生まれ、富山県高岡市出身で在住。関西学院大学卒、第1種情報処理技術者、株式会社イーザー。アプリケーション開発とライター活動をしている。プログラミングを始めて34年経った現在は、プログラミングの楽しさを伝えることをテーマとしている。NPO法人NATで小・中学生を相手にLEGO MINDSTORMSのプログラミングを教えたりもしている。平成30年度前期富山大学芸術文化学部非常勤講師。
主な著書は『エクセルだけで手軽に楽しむプログラミング超入門』日経BP社、『作ればわかるAndroidプログラミング』翔泳社など。
Twitterは@kanehiro

はじめるPython！
ゼロからのゲームプログラミング

2018年9月25日　第1版第1刷発行

著　　者	金宏 和實	
発　行　者	村上 広樹	
発　　行	日経BP社	
発　　売	日経BPマーケティング	
	〒105-8308 東京都港区虎ノ門4-3-12	
装　　幀	小口 翔平＋山之口 正和（tobufune）	
制　　作	山原 麻子（マップス）	
印刷・製本	図書印刷株式会社	

本書の無断複写・複製（コピー等）は著作権法上の例外を除き、禁じられています。購入者以外の第三者による電子データ化および電子書籍化は、私的使用を含め一切認められておりません。本書籍に関するお問い合わせ、ご連絡は下記にて承ります。

http://nkbp.jp/booksQA
ISBN 978-4-8222-5456-8
©2018 Kazumi Kanehiro
Printed in Japan